Pearl Harbor

Una Guía Fascinante del Ataque Militar Sorpresa del Servicio Aéreo de la Armada Imperial Japonesa que Causó la Entrada de los Estados Unidos de América en la Segunda Guerra Mundial

© Copyright 2020

Todos los derechos reservados. Ninguna parte de este libro puede ser reproducida en ninguna forma sin la autorización por escrito del autor. Los revisores podrán citar breves pasajes en las reseñas.

Aviso Legal: Ningún fragmento de esta publicación puede ser reproducido o transmitido en cualquier forma o por cualquier medio, mecánico o electrónico, incluyendo fotocopiado o grabación, o por cualquier sistema de almacenamiento y recuperación de información, o transmitido por correo electrónico sin la autorización por escrito del editor.

Si bien se han hecho todos los intentos para verificar la información proporcionada en esta publicación, ni el autor ni el editor asumen ninguna responsabilidad por errores, omisiones o interpretaciones alternativas del tema en este documento.

Este libro es solo para fines de entretenimiento. Las opiniones expresadas pertenecen únicamente al autor y no deben tomarse como instrucciones o mandatos de expertos. El lector es responsable de sus propias acciones.

El cumplimiento de todas las leyes y regulaciones aplicables, incluidas las leyes internacionales, federales, estatales y locales que rigen las licencias profesionales, las prácticas comerciales, la publicidad y todos los demás aspectos de la actividad comercial en los EE. UU., Canadá, el Reino Unido o cualquier otra jurisdicción, es responsabilidad exclusiva del comprador o lector.

Ni el autor ni el editor asumen responsabilidad alguna en nombre del comprador o lector de estos materiales. Cualquier ofensa percibida de cualquier individuo u organización es puramente involuntaria.

Tabla de Contenidos

INTRODUCCIÓN 1

CAPÍTULO UNO - LA BASE NAVAL DE PEARL HARBOR, ANTES DE 1941 3

CAPÍTULO DOS - PEARL HARBOR DESPUÉS DE LA PRIMERA GUERRA MUNDIAL 7

CAPÍTULO TRES - JAPÓN DESPUÉS DE LA PRIMERA GUERRA MUNDIAL 12

CAPÍTULO CUATRO - LA SEGUNDA GUERRA SINO-JAPONESA 17

CAPÍTULO CINCO - LA GUERRA EN EUROPA 22

CAPÍTULO SEIS - LA OCUPACIÓN DE ISLANDIA 26

CAPÍTULO SIETE - JAPÓN CONTEMPLA IR A LA GUERRA 30

CAPÍTULO OCHO - EL ATAQUE A PEARL HARBOR 34

CAPÍTULO NUEVE - CONSECUENCIAS INMEDIATAS 39

CAPÍTULO DIEZ - ESTADOS UNIDOS VA A LA GUERRA 44

CAPÍTULO ONCE - EL EJÉRCITO AMERICANO SE PREPARA PARA LA GUERRA 49

CAPÍTULO DOCE - LA VIDA EN LOS ESTADOS UNIDOS DE AMÉRICA DURANTE LA GUERRA 53

CAPÍTULO TRECE - EL CAMPO DE REUBICACIÓN DE TULE LAKE 57

CAPÍTULO CATORCE - ITALIA CAMBIA DE BANDO 63

CAPÍTULO QUINCE - EL DÍA D 67
CAPÍTULO DIECISÉIS - MUERE EL PRESIDENTE ROOSVELT 74
CAPÍTULO DIECISIETE - EL B-29 SUPERFORTRESS 81
CAPÍTULO OCHO - IWO JIMA Y OKINAWA 85
CAPÍTULO DIECINUEVE - EL BOMBARDEO DE JAPÓN 91
CAPÍTULO VEINTE - EL PROYECTO MANHATTAN 96
CAPÍTULO VEINTIUNO - LA BOMBA DE HIROSHIMA 102
CAPÍTULO VEINTIDÓS - LA BOMBA DE NAGASAKI 107
CAPÍTULO VEINTITRÉS - JAPÓN SE RINDE 111
CAPÍTULO VEINTICUATRO - LA OCUPACIÓN DE JAPÓN TRAS LA GUERRA 116
EPÍLOGO 121
VEA MÁS LIBROS ESCRITOS POR CAPTIVATING HISTORY 124

Introducción

La Segunda Guerra Mundial es considerada en gran medida una guerra europea en el mundo occidental, pero la realidad es que gran parte de la lucha tuvo lugar en Asia y el Pacífico. Incluso antes de que Adolf Hitler comenzara su marcha sobre Checoslovaquia en 1938, Japón ya se había embarcado en una seria campaña militar en China. El emperador Hirohito, que, aunque personalmente no era alguien inclinado a la guerra y la violencia, presidió un gobierno que estaba empeñado en la dominación de china. A medida que las fuerzas armadas de Japón se adentraban cada vez más en China y otros países vecinos, el ejército alemán comenzó a ocupar Europa. Rápidamente, para evitar la interferencia de los países aliados occidentales, la administración de Japón acordó ponerse del lado de Hitler y así poder llevar a cabo sus planes en Asia.

En 1941, Japón sabía que su tiempo al margen de la guerra europea estaba llegando a su fin. Ya se había enfrentado al fuego de Gran Bretaña y temía que los Estados Unidos de América entraran muy pronto en el conflicto contra Japón y Alemania. Para protegerse, Japón hizo un movimiento histórico al atacar a los Estados Unidos primero, antes de que la nación hubiera siquiera hecho planes para unirse a los Aliados. Fue un movimiento audaz y sin precedentes que no solo cogió por sorpresa a Estados Unidos, sino que también posiblemente lo obligó a unirse a una guerra que se había comprometido a evitar por completo.

El ataque a la Base Naval de Pearl Harbor de Estados Unidos cambió todo el progreso de la Segunda Guerra Mundial y, como resultado, fue un evento muy formativo tanto para Estados Unidos como para Japón. Aunque las dos naciones parecían enemigos poco probables al comienzo de la segunda gran guerra, el derramamiento de sangre entre ellos sería mayor de lo que nadie podría haber imaginado. El futuro del mundo en general cambió el 7 de diciembre de 1941, cuando el Imperio del Japón decidió lanzar un ataque preventivo contra su vecino más temido del pacífico, los Estados Unidos de América.

Capítulo Uno – La Base Naval de Pearl Harbor, antes de 1941

Pearl Harbor es un puerto natural en el interior de una laguna costera que conecta con el río Pearl en la isla de Oahu, Hawái. Los hawaianos lo llamaron "Wai Momi", que se traduce como "Aguas de la Perla"[1]. Al legendario Gran Jefe hawaiano Keaunui se le atribuye la ampliación del estuario entre la bahía y el río hace mucho tiempo, creando un canal navegable que eventualmente sería utilizado por barcos mercantes de todo el mundo. El primer interés internacional real en Pearl Harbor se produjo durante el siglo XIX, cuando el aceite de ballena, el azúcar y la piña llamaron la atención de los posibles socios comerciales de Hawái.

Durante la era industrial, que comenzó a despegar a mediados del siglo XIX, hubo una enorme demanda mundial de aceite de ballena. El aceite de ballena, obtenido de la grasa de una diversa variedad de ballenas o de las cavidades craneales de los cachalotes, se utilizó para lámparas de aceite, fabricación de jabón e incluso para cocinar hasta que la industria decayó en el siglo XX. Durante el pico de los días de

---

[1]"Places - The History of Pearl Harbor". Servicio de Parques Naturales, Departamento del Interior, EE. UU. Web.

caza de ballenas, se estima que 800 barcos balleneros hicieron escala en el Reino de Hawái y, para la protección de los barcos, la Armada de los Estados Unidos tuvo la tarea de realizar patrullas regulares alrededor de las islas hawaianas. Esto era todavía un siglo antes de que Hawái se uniera a los Estados Unidos de América como estado oficial.

Gracias al tráfico marítimo, Hawái experimentó un auge económico local que propició la creación de astilleros, restaurantes, lavanderías, herreros, carpinterías y servicios hoteleros. Había empresas que se ocupaban de la reparación y el mantenimiento de barcos, así como empresas que se ocupaban del mantenimiento y el bienestar de los marineros a bordo de todos esos barcos. Dado que la mayoría de los barcos balleneros en el puerto de Hawái eran estadounidenses, la marina de los Estados Unidos colocó allí un buque de guerra permanente para proteger los intereses de sus comerciantes e inversores.

Cuando Estados Unidos entró en la guerra civil entre 1861 y 1865, el Ejército Confederado rastreó los barcos balleneros pertenecientes a estados unionistas y los hundió en el acto[2]. Este hecho, así como la nueva industria petrolera, presagió el fin de la caza de ballenas y, por lo tanto, una recesión para Hawái. Sin embargo, pronto comenzaron las negociaciones para el establecimiento de un puerto comercial libre de impuestos en Pearl Harbor, mediante el cual Estados Unidos podría comprar azúcar para importarlo. Después de la elección del rey Kalākaua en marzo de 1874, a Estados Unidos se le concedió el uso exclusivo de Pearl Harbor, así como el derecho a construir allí instalaciones de mantenimiento de barcos[3].

A pesar del sentimiento antiestadounidense que llego a provocar disturbios, el acuerdo siguió adelante, pero a finales del siglo XIX, el

---

[2] "Civil War". *History.com*. Web.

[3] Kuykendall, Ralph S. *The Hawaiian Kingdom*. 1967.

auge de la caza de ballenas en Hawái había terminado. Sin embargo, para Estados Unidos, que había salido de su guerra civil desesperado por un nuevo impulso económico, el punto de apoyo de Pearl Harbor en Hawái seguía siendo muy importante. Para el Reino de Hawái, el comercio con EE. UU. también era de gran importancia, por lo que las dos naciones firmaron el Tratado de Reciprocidad de 1875. Incluso sin aceite de ballena, Hawái tenía suficiente azúcar y piñas para hacer que un acuerdo comercial valiera la pena, particularmente desde que el norte de los Estados Unidos había boicoteado el azúcar de los estados del sur.

Además, la Armada de los Estados Unidos estaba muy interesada en crear una base militar en el océano Pacífico, donde de otro modo carecía por completo de inteligencia o vigilancia naval. Para facilitar los términos del tratado, el general de división estadounidense John Schofield y el general de brigada brevet Alexander viajaron a Hawái a bordo del USS California en 1873. Dedicaron su tiempo en las islas a realizar un reconocimiento sobre el potencial de las diversas islas hawaianas para funcionar como centros defensivos o comerciales. Su informe concluyó que el lugar más adecuado en el que concentrar sus esfuerzos era el puerto en el río Pearl.

El Tratado de Reciprocidad se firmó dos años después de la misión de reconocimiento, proporcionando exportaciones de azúcar libres de impuestos a los Estados Unidos para los hawaianos a cambio de acceso exclusivo a la entrada del río Pearl. El tratado entró en vigor en 1876 y se renovó al año siguiente incluyendo el permiso para que Estados Unidos estableciera una base naval en Pearl Harbor[4].

Más de dos décadas después, Estados Unidos y España se declararon la guerra entre sí debido a sus diferentes ideologías sobre la libertad cubana. Cuba, bajo dominio español, se rebeló y exigió la independencia; España respondió enviando a su ejército y haciendo cumplir un estricto gobierno militar. Prácticamente sin capacidad para

---

[4] Ibid

librar una guerra real, las unidades militares del Caribe español fueron aniquiladas por la Armada de los Estados Unidos, y la guerra duró poco más de dos meses antes de que España se rindiera. En el posterior tratado de paz entre España y Estados Unidos, España se vio obligada a conceder a Cuba su independencia y también a entregar Guam y Puerto Rico a Estados Unidos. España también vendió la soberanía de Filipinas a Estados Unidos por 20 millones de dólares.[5]

A medida que Estados Unidos consolidaba estos logros políticos en 1898, el vencedor de la guerra entre España y Estados Unidos decidió seguir adelante y agregar también Hawái a la colección. La cesión de Hawái se llevó a cabo mediante un golpe político que comenzó cuando el líder de los propietarios de plantaciones estadounidenses de Hawái, Samuel Dole, depuso a la reina Liliuokalani en 1893[6]. La reina había estado promoviendo una soberanía hawaiana más estricta que habría terminado con los privilegios de comercio de Estados Unidos en Pearl Harbor, y el presidente de Estados Unidos, Benjamin Harrison, ordenó que su palacio fuera rodeado por la marina. Cuando se vio obligada a abdicar en favor de un gobierno representativo, Dole declaró a Hawái una república independiente. El presidente William McKinley procesó la anexión formal de las islas hawaianas en 1898, y oficialmente se convirtieron en un dominio de los Estados Unidos en 1900. Samuel Dole fue el primer gobernador hawaiano.

Aunque no se convertiría en un estado oficial de los Estados Unidos de América hasta décadas más tarde, Hawái fue a todos los efectos una parte integrante de los Estados Unidos desde ese momento.

---

[5] "Spanish-American War". *History.com*. Web.

[6] "Annexation of Hawaii 1898". *US Department of State*. Web. 2009.

Capítulo Dos – Pearl Harbor después de la Primera Guerra Mundial

Tras el estallido de la Segunda Guerra Mundial, la opinión pública en los Estados Unidos apoyó una postura pacífica. Lo mismo sucedió al comienzo de la Primera Guerra Mundial, unas dos décadas antes, aunque en ambos casos, esa postura finalmente se dejaría de lado por razones políticas.

En 1917, los Estados Unidos de América entraron en la Primera Guerra Mundial después de que el presidente Woodrow Wilson recibiera información que advertía de una alianza entre Alemania y México[7]. Con gran parte de Estados Unidos ya dispuesto para unirse al esfuerzo de guerra debido a las bajas estadounidenses en el Atlántico, Wilson sabía que no podía ignorar la perspectiva de una guerra en suelo estadounidense. Además de enviar tropas a Gran Bretaña para unirse a las filas de los Aliados en Europa, el Ejército de los Estados Unidos compró una isla hawaiana de 441 acres en medio

---

[7]"History | Museum History". *Pearl Harbor Aviation Museum.* Web.

de Pearl Harbor y comenzó a trabajar en una base militar allí[8]. La construcción de la base continuó después del armisticio europeo.

El lugar se llamó Ford Island, y en honor al teniente Frank Luke, un piloto estadounidense muerto en combate en la Primera Guerra Mundial, el aeródromo se llamó Luke Field. Esta base se utilizó para el entrenamiento de las fuerzas aéreas, una nueva tecnología dentro del ejército estadounidense que obviamente iba a ser de gran importancia en conflictos futuros. En 1923, la marina trasladó su propio entrenamiento de servicio aéreo a la isla Ford. Con la gran cantidad de nuevas tecnologías e innovaciones aeronáuticas desarrolladas en el transcurso de la próxima década, la isla se llenó de aviones y pilotos hasta que el ejército finalmente trasladó sus operaciones a Hickam Field, cerca de Honolulu.[9]

Las sucesivas administraciones del gobierno de EE. UU. Fueron conscientes del potencial de un ataque liderado por japoneses desde el lado opuesto del océano Pacífico, ya que el Imperio japonés se estaba volviendo cada vez más molesto para sus países vecinos en Asia, particularmente para China. Preocupado por la funcionalidad de su principal base militar en el Pacífico, Estados Unidos decidió organizar un ataque simulado a Pearl Harbor en febrero de 1932.[10]

El simulacro fue diseñado específicamente para probar la resistencia de la base naval de Pearl Harbor ante un ataque sorpresa. La Armada de los Estados Unidos solo podía cubrir un océano a la vez durante ese período, por lo que sus fuerzas se concentraban o bien en el Pacífico a través de San Diego y San Francisco, o bien en el Atlántico a través del Canal de Panamá. Si se desataba la guerra con Japón, el plan de acción de la Marina de los EE. UU., conocido

---

[8] Ibid

[9] Ibid

[10] Micallef, Joseph V. "The First Attack: Pearl Harbor, February 7, 1932". *Military.com*. Web.

como el Plan de Guerra Naranja (War Plan Orange), se centraba en preparar los buques de guerra en Pearl Harbor mientras abandonaban la base naval de Subic Bay, en Filipinas, para contener la embestida de los primeros ataques. Esta última había sido construida por España antes de la guerra hispano-estadounidense y, por lo tanto, Estados Unidos se había apoderado de ella como parte del posterior tratado de paz.

Estados Unidos asumió que, si Japón atacaba inesperadamente, su base filipina sería sometida a un bloqueo o invadida por completo; Estados Unidos usaría ese tiempo para consolidar sus buques de guerra y enviarlos a lo largo de la costa oeste del país. Tal movimiento era necesario no solo para proporcionar una frontera defensiva alrededor de los Estados Unidos, sino también para garantizar que cada buque de guerra recibiera su tripulación completa. En ese momento, los barcos de la Armada de los EE. UU. generalmente operaban con la mitad de sus tripulaciones, lo que significaba que cada uno tendría que cargar más hombres antes de salir al encuentro con el enemigo. Una vez que los barcos estuvieran completamente preparados, navegarían hacia el oeste hasta Subic Bay y liberarían a sus colegas para después dirigirse a Japón. Una vez allí, los barcos de la Armada de los Estados Unidos planeaban bloquear el imperio insular e instigar una batalla decisiva en el mar.

La Marina de los EE. UU. seguía confiando en gran medida en las simulaciones y había estado realizando simulacros de ataques a gran escala desde 1923, llamados "Problemas flota".[11] El "Problema flota XIII" era un código para un ataque simulado de una nación isleña asiática ficticia contra la base militar de Pearl Harbor. La Marina de los Estados Unidos se dividió en dos facciones, una desempeñando el papel de la nación asiática atacante y la otra permaneciendo como defensores estadounidenses. La fuerza de los atacantes fue asignada al contraalmirante Harry Yarnell, uno de los pocos aviadores cualificados de la marina, como su comandante.

---

[11] Ibid.

La táctica principal de Yarnell en el simulacro de batalla fue su afirmación de que Japón, la nación con más probabilidades de desempeñar el papel de atacante en una situación real, tendería a atacar antes de hacer una declaración oficial de guerra. Con este fin, la facción de Yarnell usó la aviación de los portaaviones para comenzar la guerra simulada con un ataque sorpresa sobre Pearl Harbor, cogiendo a los defensores completamente desprevenidos. La flota a cargo de la defensa estadounidense había asumido que serían atacados con acorazados, probablemente porque los ataques aéreos aún no se habían convertido en una práctica militar común.

Sin embargo, en lugar de emplear tácticas de batalla navales comunes, Yarnell dejó atrás sus acorazados y envió los aviones de su compañía desde los portaaviones *Saratoga* y *Lexington*. Finalmente, acercándose desde un punto al noreste de Hawái, la fuerza aérea de 152 efectivos de Yarnell atacó al amanecer del domingo 7 de febrero de 1932.[12] Dejando caer sacos de harina para simular bombas, la flota aérea de Yarnell destruyó los aeródromos de Pearl Harbor para apuntar después a los acorazados. La estrategia de Yarnell fue un completo éxito y su flota logró una sorpresa total. Ninguno de los aviones de Pearl Harbor logró despegar antes de que fueran incapacitados, y los árbitros del simulacro de batalla declararon que Yarnell era el claro ganador.

Los defensores, sin embargo, no parecían estar impresionados y declararon que el comandante enemigo simulado había hecho trampa. Hubo varias razones por las que los miembros de la administración del ejército y de la marina sintieron que el resultado de la batalla simulada había sido nulo. Para empezar, dijeron que el amanecer no era un momento razonable para esperar un ataque; además, hacer volar la flota enemiga desde el noreste no era realista porque una aproximación realizada desde esa dirección solo se podía esperar por parte de aviones provenientes del continente. Finalmente,

---

[12] Ibid.

se sugirió que los pilotos asiáticos no tenían la coordinación mano-ojo necesaria para llevar a cabo el bombardeo de precisión a los buques de guerra anclados.[13]

El Departamento de Guerra estuvo de acuerdo en que no había nada de realista en el ataque de Yarnell a Pearl Harbor y presionó a los árbitros del simulacro de batalla para que revocaran su decisión. Cosa que sucedió: aunque no habían logrado ni una sola victoria durante el evento, el bando defensor fue declarado ganador. Yarnell estaba desconcertado por el resultado y se mantuvo firme en que no solo sus tácticas eran viables, sino que Pearl Harbor era muy vulnerable a un ataque aéreo. Sin embargo, la armada estaba mayoritariamente integrada por almirantes que habían alcanzado su alto rango a través del entrenamiento con acorazados, y Yarnell estaba prácticamente solo en su creencia de que los ataques aéreos serían una parte importante del futuro militar del mundo. No se dio crédito al resultado real del simulacro de batalla y, lo que, es más, la prensa se hizo con la historia y la distribuyó ampliamente. En el consulado japonés en Oahu, los oficiales navales japoneses leyeron los detalles del informe con gran interés.

---

[13] Ibid.

Capítulo Tres – Japón después de la Primera Guerra Mundial

En ese momento, al otro lado del océano Pacífico, Japón estaba experimentando un drama político. En 1932, ya había tres primeros ministros y dos ministros de relaciones exteriores. El emperador de Japón en ese momento era Hirohito, hijo del emperador Taishō y nieto del emperador Meiji. Tanto Hirohito como su gobierno estaban luchando por detener la propagación del caos reinante que se apoderó de Japón, pero el camino de regreso hacia la serenidad no estaba claro. Además, gran parte de la historia reciente se había desarrollado de tal manera que, el emperador amante de la paz estaba en desacuerdo prácticamente permanentemente con el ejército y la marina.

Nacido en el Palacio de Aoyama en Tokio en 1901, Hirohito se crio de acuerdo con una costumbre que requería que los niños de la familia imperial fueran separados de sus padres.[14] Criado en sus primeros años por un ex vicealmirante convertido en sirviente real, Hirohito asistió a la escuela entre los siete y los diecinueve años. Al estudiar en el Peer's School y en el Instituto del Príncipe Heredero, el

---

[14] "Hirohito". *History.* Web. 2019.

futuro emperador recibió una formación rigurosa en la práctica militar y en la religión sintoísta. Hirohito destacó por acabar con la tradición de tener concubinas cuando se casó con la princesa Nagako Kuni en 1924.[15] También fue el primer príncipe heredero de Japón en viajar al extranjero. Partió hacia Europa en 1921, con más de treinta asistentes, y pasó seis meses viajando.[16] A su regreso, su padre se jubiló debido a una enfermedad mental y fue elegido príncipe regente.

El emperador oficial, Taishō, murió en diciembre de 1926, convirtiendo a Hirohito en emperador de Japón.[17] Fue un momento crucial para Japón, ya que se acababa de aprobar una ley que permitía a los hombres votar a sus representantes gubernamentales. Los partidos políticos se formaron rápidamente y recibieron un apoyo civil abrumador, pero la democracia resultó difícil ya que los activistas políticos también se organizaron y se apoderaron del país. Los asesinatos políticos se convirtieron en la norma, y el primer ministro Inukai Tsuyoshi fue asesinado en 1932 por un grupo activista relacionado con la armada al que no le gustó su decisión de limitar el número de buques de guerra japoneses.[18] El siguiente primer ministro, Saitō Makoto, también fue asesinado a tiros un año después de que terminara su mandato.

El emperador Hirohito no era un jefe militar, ya que llamó a su reinado "Shōwa", que se traduce aproximadamente como "armonía".[19] Como emperador, su papel en los asuntos de Japón era el de líder espiritual y general del ejército, y se cree que dejó la política en manos

---

[15] "Hirohito, Emperor of Japan". *Encyclopaedia Britannica*. Web.

[16] "Hirohito". *History*. Web. 2019.

[17] "Hirohito". *History*. Web. 2019.

[18] Ibid.

[19] "Hirohito, Emperor of Japan". *Encyclopaedia Britannica*. Web.

del gobierno y actuó siguiendo las pautas ofrecidas por sus consejeros. Sin embargo, el ejército estaba a favor de la guerra y la expansión nacional, lo que significó que Hirohito se vio obligado a considerar la mejor manera de cumplir con estas expectativas.

Una de las principales razones de la inquietud militar en Japón durante la década de 1930 fue la persistente discordia causada por la primera guerra sino-japonesa. Esta campaña militar, también llamada primera guerra chino-japonesa, tuvo lugar en 1894 y 1895 entre Japón y China, los cuales perseguían el dominio sobre Corea. Corea era una región atractiva para ambos imperios debido a su abundancia de recursos naturales, incluidos el carbón, el hierro y el oro. Corea venía de una larga relación económica con China, pero Japón sabía que el antiguo gigante colonial era relativamente débil luego de una explosión demográfica y una serie de violentas rebeliones políticas a lo largo del siglo XIX. Con el poder militar ocupado en mantener la paz en varias regiones de China, la nación no estaba en una posición fuerte en términos de defensa. Mientras tanto, el poder militar de Japón no había hecho más que aumentar durante ese período.

En 1875, Japón presionó a Corea para que se declarase independiente de China para poder abrir así su mercado al comercio exterior.[20] Por supuesto, ese comercio exterior beneficiaría ante todo a Japón. La presión política fue significativa y finalmente exitosa, pero China, gobernada por el emperador Guangxu, no estaba dispuesta a hacerse a un lado y permitir que Corea se convirtiera en una república de pleno derecho. Se cree que Yuan Shikai, un poderoso líder militar chino, organizó un complot en 1894 en el que el líder coreano pro-Japón, Kim Ok-Kyun, fue atraído a Shangai y asesinado.[21] El cuerpo del líder fue enviado de regreso a Corea, donde

---

[20] "Introduction to China's Modern History". *Asia for Educators. Columbia University.* 2009. Web.

[21] "Introduction to China's Modern History". *Asia for Educators. Columbia University.* 2009. Web.

fue mutilado por orden china y mostrado como advertencia a otros rebeldes anti-chinos.

El gobierno japonés se sintió muy ofendido por estos actos, al igual que el público japonés. El levantamiento de Tonghak estalló más tarde ese mismo año en Corea, caracterizado por campesinos y trabajadores que exigían igualdad social y el fin de la occidentalización en su tierra natal. El gobierno coreano acudió a China en busca de ayuda para reprimir la rebelión, mientras que Japón envió sus propias fuerzas para ayudar con el conflicto. Dentro de Corea, las tropas chinas y japonesas se enfrentaron por su desacuerdo sobre la mejor manera de lidiar con la situación. El barco británico *Kowshing* fue enviado a Corea con refuerzos chinos, lo que enfureció a la administración japonesa, que acabó hundiendo el barco. El conflicto entre Japón y China se prolongó durante seis meses antes de que China se rindiera y pidiera la paz.

Las tensiones siguieron en cotas muy altas entre las dos naciones, especialmente cuando Japón inició su propia campaña expansionista a principios del siglo XX. Con la región nororiental de Manchuria en la mira, Japón hizo esfuerzos para llegar a un acuerdo con China para la obtención de este territorio, pero la delegación rusa gano en la negociación. Rusia construyó un ferrocarril que atravesaba el área mediante un contrato de arrendamiento de 25 años de toda la península de Liaodong en la que se encontraba Manchuria. El contrato de arrendamiento, adquirido en 1898, era la forma que tenía Rusia de ocupar las tierras que sabía que Japón quería para sí mismo.[22] La guerra entre Japón y Rusia se produjo en 1904 y 1905, y tras la victoria de Japón, Rusia renunció a sus intereses en la península en disputa.[23]

---

[22] "Manchuria, political region, China". *Encyclopaedia Britannica*. Web.

[23] Ibid.

En 1915, Japón consiguió un contrato de arrendamiento de Manchuria por 99 años a cambio de ofrecer apoyo militar a China durante la Revolución china de 1911, y lo mantuvo firmemente durante la posterior guerra civil china.[24] El panorama político de Manchuria estaba extremadamente desequilibrado en ese momento, ya que la población estaba compuesta principalmente por personas de etnia china que estaban subyugadas bajo una administración minoritaria japonesa. Los chinos fueron tratados como ciudadanos de segunda mientras Manchuria estaba en manos de Japón, pero desde el punto de vista del ejército japonés, su imperio estaba en una posición ideal para ver cómo el otrora gran imperio chino se sumía en el caos. Después de una serie de levantamientos que llevaron a las fuerzas militares de China al límite, Japón utilizó su control sobre Manchuria para violar la soberanía de su enemigo ancestral. En 1931, Japón marchó hacia el sur para anexionar la cercana ciudad china de Shenyang e instaurar allí un gobierno títere.[25] El nuevo gobierno nacionalista de China en Nanking no hizo nada, sabiendo muy bien que no tenía la fuerza militar para hacerlo.

En 1934, Japón fue mucho más allá al anunciar abiertamente que China no era un estado soberano sino una provincia de Japón y que, por lo tanto, estaba sujeta al dominio japonés.[26] Los rebeldes y los grupos comunistas chinos, sobrecogidos por los eventos que estaban ocurriendo, formaron una frágil alianza entre ellos y el gobierno nacionalista con el objetivo común de expulsar a Japón de China. Los combates estallaron entre ambos países el 7 de julio de 1937 en el puente de Marco Polo en las afueras de Beijing, comenzando así la segunda guerra sino-japonesa.

---

[24] Ibid.

[25] Ibid.

[26] "Second Sino-Japanese War". *Encylopaedia Britannica*. Web.

Capítulo Cuatro – La Segunda Guerra Sino-Japonesa

Incluso con todas las facciones chinas trabajando juntas, Japón tenía un ejército superior y se movió rápidamente para apoderarse de la mayoría de los puertos, ferrocarriles y capitales dentro de China hasta el oeste de Hankow en 1937.[27] Nanking, la capital nacionalista china, fue tomada a mediados de diciembre de ese mismo año. Conocida como la Masacre de Nanking, la batalla por Nanking resultó en la muerte de aproximadamente 300.000 civiles chinos y tropas que se habían rendido. El comandante japonés Matsui Iwane no se detuvo allí; ordenó a sus tropas que atacaran a decenas de miles de mujeres en la ciudad y sus alrededores en un movimiento que se llamaría la Violación de Nanking.

Con Nanking destruida, la China nacionalista estableció una nueva capital en Hankow, en el oeste. En octubre de 1938, las fuerzas japonesas tomaron también esa ciudad.[28] En una serie de ataques japoneses, los chinos perdieron Guangzhou, Beijing, Shantung y tres

---

[27] Ibid.

[28] Ibid.

sistemas ferroviarios en el valle del Yangtze. Japón tenía el control del océano y su fuerza aérea dominaba los campos; la fuerza aérea de China fuera prácticamente aniquilada en pocos meses y fue entonces cuando la fuerza aérea de Japón entró y bombardeó objetivos urbanos a voluntad.

Aunque China estaba desbordada por las fuerzas militares japonesas, se negó a admitir la derrota. La administración japonesa, que esperaba obtener una victoria rápida, se vio obligada a continuar librando la guerra mientras los generales de las ciudades ocupadas luchaban por establecer nuevos gobiernos en los que gobernarían sus aliados chinos. Los nacionalistas volvieron a trasladar su capital, esta vez a Chungking en el extremo occidental de las gargantas del Yangtze en Sichuan, y gran parte de la administración nacionalista de China se trasladó al norte con ellos. Las fuerzas de ocupación de Japón se encontraron con que su poder se limitaba a las ciudades y los ferrocarriles, ya que los grupos de resistencia chinos, leales al gobierno nacionalista, eran fuertes fuera de estas áreas.

Una de las facciones rebeldes chinas más exitosas fue su grupo comunista, que demostró ser experto en hacer retroceder a Japón con tácticas de guerrilla. Rápidamente, el avance de Japón a través del país se ralentizó hasta llegar a detenerse por completo, ya que las tropas y activistas comunistas formaron su propia milicia y marcharon tras las líneas japonesas hacia grandes áreas rurales. Los comunistas organizaron sus propias fuerzas de autodefensa y administraciones gubernamentales en pueblos y ciudades, formando oficialmente sus propios ejércitos: el Nuevo Cuarto Ejército y el Octavo Ejército de Ruta. El Cuarto llevó a cabo operaciones en el bajo Yangtze, mientras que el Octavo tomó posiciones en las montañas y llanuras del norte de China.

En 1939, Japón cambió de táctica y comenzó a someter a China a un bloqueo para intentar forzar una rendición.[29] Conocedor de las vías marítimas de China, Japón tomó medidas para bloquear sus principales puertos marítimos y detener así todo comercio por agua. Mientras tanto, en Europa había comenzado la Segunda Guerra Mundial y las fuerzas alemanas dirigidas por Adolf Hitler habían ocupado Checoslovaquia, Polonia y Francia. Japón vio rápidamente cómo este conflicto occidental podría usarse en su propio beneficio y, en 1940, marchó sobre la Indochina francesa para bloquear el ferrocarril costero allí.[30] Con Francia completamente sometida por las tropas nazis en el frente interno, no había represalias que temer, y Japón consiguió establecer un control militar en la región oriental de China.

De hecho, Europa estaba tan preocupada por luchar contra los nazis que Japón logró presionar a Francia para que cerrara su ruta desde el mar del Sur de China hacia el interior. Japón ejerció la misma presión sobre Gran Bretaña y logró que también se cerrara la Ruta de Birmania de Gran Bretaña, dejando la única ruta abierta a China a través de la Unión Soviética. Sin embargo, Gran Bretaña solo aceptó este acuerdo durante tres meses y reabrió la ruta rápidamente debido al gran descontento tanto en el interior del país como en el extranjero. Miembros del gobierno británico se opusieron a ceder a las demandas de los japoneses, mientras que los funcionarios estadounidenses protestaron porque sus productos estaban siendo rechazados por los compradores chinos.

A medida que avanzaba la guerra sino-japonesa, los derechos y las ganancias de cada uno de los socios comerciales de China se vieron amenazados, y estos eventos aumentaron la tensión política y económica entre Japón y las naciones occidentales. Sin embargo, el gobierno de Japón puso su mira en nada menos que el control total

---

[29] Ibid.

[30] Ibid.

de China, a pesar de las protestas de su emperador. Según el ayudante del emperador Hirohito, Kuraji Ogura, el líder estaba desalentado por la voluntad de su país de hacer la guerra y frustrado porque no parecían entender cuál era el mejor momento para detenerse.

Se dice que el emperador expresó:

"Japón ha subestimado a China. Sería lo más sabio detener la guerra inmediatamente y empezar a construir nuestra fortaleza nacional para los siguientes diez años".[31]

Pero era un hecho que el emperador no estaba dispuesto a imponer su voluntad al gobierno del país; el verdadero gobernante de Japón era el primer ministro Tojo Hideki. Los deseos de Hideki para Japón coincidían con muchos de los deseos de los ciudadanos en el sentido de que no quería nada más que expandir el Imperio japonés tan lejos como fuera posible por Asia y el Pacífico. Hideki no tuvo conflictos morales a la hora de enfrentarse a la Europa colonial en Asia occidental.

Hideki ocupó varios puestos militares a finales de la década de 1920 y principios de la de 1930, durante los cuales ascendió en la jerarquía militar. Era conocido por ser un oficial trabajador, eficiente y decisivo. Apodado como "Razor" (Cuchilla), Hideki se convirtió en miembro de una facción de línea dura del ejército que creía que debía tener un mayor grado de control sobre el gobierno japonés. El grupo también creía que expandirse a China tendría importantes beneficios económicos para el imperio. En cuanto a sus impresiones del mundo occidental, el grupo de pares de Hideki creía que dependería de ellos defender y proteger la soberanía de Japón de Estados Unidos y sus aliados.

---

[31] "Diary shows Hirohito didn't want war in China: media". *Reuters.* Web. 2007.

Cuando se reabrió, la carretera de Birmania se convirtió en la principal línea de suministro de la resistencia china. En un intento por obtener apoyo político y protección contra Gran Bretaña y Estados Unidos, Japón optó por firmar un acuerdo con Alemania e Italia, las potencias del Eje de la Segunda Guerra Mundial, el 27 de septiembre de 1940.[32] Este fue el Pacto Tripartito, por el cual cada uno de los signatarios prometían acudir en ayuda de los demás si se producía un ataque de una nación que aún no participaba en las guerras europea o sino-japonesa. Al mismo tiempo, todos reconocieron que Alemania e Italia serían responsables del establecimiento de una nueva administración política en Europa, y Japón tendría los mismos derechos en el este de Asia. Por lo tanto, Japón entró formalmente en la Segunda Guerra Mundial, aunque solo fuera para renovar sus esfuerzos en un estado chino ya desbordado por fuerzas invasoras.

---

[32]"Axis Alliance in WWII". *Holocaust Encyclopedia*. Web.

Capítulo Cinco - La Guerra en Europa

Mientras que la mayor parte de Europa celebró el final de la Primera Guerra Mundial, Alemania lamentó lo que creía que era una oportunidad perdida. El ejército alemán había tenido tanta confianza en sus esfuerzos que muchos soldados retirados no estaban de acuerdo con la rendición del Kaiser Wilhelm ante los aliados. Cuando los líderes mundiales se reunieron en el Palacio de Versalles en las afueras de París, Francia, al año siguiente para firmar el Tratado de Versalles, Alemania se dio cuenta plenamente de las implicaciones de perder la Primera Guerra Mundial.

Los aliados responsabilizaron de todo el peso de la guerra enteramente a Alemania, pidiendo al desencantado país que hiciera pagos de reparación a cada uno de sus antiguos enemigos. También obligaron a Alemania a entregar las tierras ganadas por la guerra en Bélgica, Checoslovaquia, Polonia y Francia y a entregar sus posesiones en Indochina a los Aliados. Las fuerzas aliadas se trasladaron a Alemania para mantener la paz, mientras que al ejército alemán se le ordenó minimizar las operaciones. Muchos veteranos, políticos y otros ciudadanos alemanes vieron esto como una vergüenza y querían otra oportunidad de lograr la victoria.

Una razón lógica por la que el Tratado de Versalles no tuvo éxito a la hora de legislar la paz entre las naciones en guerra fue que los perdedores de la guerra fueron en su mayoría excluidos del proceso de redacción. El presidente Woodrow Wilson de Estados Unidos, el primer ministro David Lloyd George de Gran Bretaña, el primer ministro Georges Clemenceau de Francia y, hasta cierto punto, el estadista italiano Vittorio Orlando fueron los responsables de la creación del tratado. Ni siquiera las naciones aliadas menos poderosas fueron invitadas a participar en la creación del documento.

En el desorden y la confusión que siguieron al armisticio, los alemanes y sus aliados buscaron formas de recuperar un mínimo de respeto y autoridad nacionales. Uno de esos aliados fue Adolf Hitler, un hombre nacido en Austria que había luchado por Alemania durante la guerra. Aunque Hitler fue rechazado de la oficina de reclutamiento austriaca debido a sus cualidades físicas insuficientes, estaba tan decidido a unirse a la lucha que envió una solicitud directamente al rey Luis III de Baviera. Esa solicitud fue atendida y Hitler se unió a la división bávara del ejército alemán. Durante su servicio en la Primera Guerra Mundial, Hitler fue elogiado muchas veces por su valentía, pero cuando las potencias del Eje se rindieron el 11 de noviembre de 1918, estaba en el hospital recuperándose de sus heridas.

Hitler fue dado de alta del hospital durante una época de incertidumbre política tras la derrota de Alemania en la Primera Guerra Mundial. Frustrado por la incapacidad de su país para obtener la soberanía sobre una gran parte de Europa, y decidido a no renunciar a la perspectiva de un vasto imperio alemán, Hitler se unió al Partido de los Trabajadores Alemanes en 1919.[33] Poco después de unirse a lo que ideológicamente era un partido socialista, Hitler asumió el liderazgo de la propaganda del grupo, incitando a un cambio de dirección y de nombre. En adelante, el partido sería el

---

[33] "Adolf Hitler, Dictator of Germany". *Encyclopaedia Britannica*. Web.

Partido Nacionalsocialista de los Trabajadores Alemanes. En alemán, el acrónimo del partido se deletreaba NAZI (Nazi). En realidad, Hitler y muchos de sus seguidores no tenían ningún apego a los principios del socialismo; simplemente lo vio como una tendencia popular dentro de Alemania sobre el cual adjuntar sus propios deseos políticos.

Alineándose con secciones enteras del ejército alemán que se negaron a aceptar la derrota y volver a la vida civil normal, el Partido Nazi creció en número y desencadenó una serie de enfrentamientos violentos diseñados para hacerlo parecer poderoso. Hitler obtuvo el liderazgo total del partido en 1921 y utilizó su base de apoyo para organizar un golpe fallido contra el gobierno republicano alemán en noviembre de 1923.[34] Se desató la violencia y cuatro policías murieron protegiendo al gobierno. Hitler resultó herido y detenido, enfrentándose después a un juicio por traición.

Hitler aceptó el juicio, usándolo para reprochar firmemente al gobierno el haber defraudado a su gente y arrastrar así a más alemanes a su liga de partidarios. Sin embargo, el líder del partido había aprendido que, para orquestar un golpe con éxito, uno debía tener cierto nivel de recursos legales. Hitler fue condenado a cinco años de prisión, pero solo pasó nueve meses bajo un cómodo arresto en el castillo de Landsberg. Pasó el tiempo escribiendo sus tratados políticos en sus memorias, el *Mein Kampf*.

Adolf Hitler fue elegido democráticamente canciller de Alemania en 1933, pero se movió rápidamente para asegurarse en una dictadura. Uno de los puntos principales de la plataforma política de Hitler era la creencia de que todas las personas de ascendencia alemana debían unirse en una sola nación. Para facilitar ese objetivo, el ejército de Hitler ocupó Austria y luego los Sudetes, la parte alemana de Checoslovaquia. Fue un acontecimiento aterrador para toda Europa, que apenas había comenzado a recuperarse de la

---

[34] Ibid.

Primera Guerra Mundial antes de enfrentarse a la depresión económica mundial de la década de 1930. Ajeno a todo ello, Hitler exigió lo que llamó la emancipación del pueblo alemán y no dudó en utilizar la fuerza militar.

El primer ministro británico, Neville Chamberlain, creía que lo que hacía falta era una diplomacia rápida y eficaz. Fue directamente a Alemania para encontrarse cara a cara con Adolf Hitler e intentar encontrar una solución pacífica. Los líderes se reunieron en Munich, junto con el primer ministro Daladier de Francia y Benito Mussolini de Italia. No estuvo presente ningún representante de Checoslovaquia, lo que finalmente implicaba que el mejor curso de acción para los Sudetes era cumplir con la decisión adoptada por el comité internacional. Hitler convenció a sus visitantes de que tenía todas las razones para incluir a los Sudetes en Alemania y prometió que no habría necesidad de una acción militar si se satisfacía esta demanda. Todos estuvieron de acuerdo y Chamberlain regresó al Reino Unido sintiéndose satisfecho con lo logrado. Checoslovaquia permitió que la sección afectada de sus zonas fronterizas se transfiriera silenciosamente al control alemán.

Pronto se hizo evidente que el dictador alemán no tenía intención de cumplir la promesa que había hecho a sus colegas europeos. Solo seis meses después de la reunión de líderes en Munich, los ejércitos de Hitler se trasladaron a la Checoslovaquia soberana y establecieron un gobierno militar en todo el país. Luego, invadió Polonia en septiembre de 1938, ignorando descaradamente un tratado que había firmado con la Unión Soviética. Dos días después de que Alemania marchara sobre Polonia, Gran Bretaña y Francia declararon la guerra a la Alemania nazi. El Imperio japonés observó, elaborando cuidadosamente un plan que le permitiría capitalizar el regreso a las armas de Occidente.

Capítulo Seis – La Ocupación de Islandia

Las fuerzas alemanas se abrieron paso rápidamente por Europa occidental, ocupando Checoslovaquia, Polonia, Francia, Albania, Bélgica, Luxemburgo, Dinamarca, Noruega, Lituania y los Países Bajos, todo en 1940. Con las potencias del Eje presentes en las costas oeste y norte del Atlántico y el mar del Norte, Gran Bretaña se preocupó mucho por la capacidad de los ejércitos de Hitler para seguir presionando hacia el oeste. En teoría, Alemania ahora podría lanzar un ataque contra Gran Bretaña desde múltiples ubicaciones; incluso podría seguir hacia el oeste y ocupar Islandia, Groenlandia y las regiones orientales de Canadá y Estados Unidos. Para evitar tal resultado, Gran Bretaña decidió dar el primer paso sobre Islandia.

En ese momento, Islandia era una nación soberana con su propio gobierno, pero todavía estaba representada por la monarquía danesa. Dado que Dinamarca acababa de ser superada por los nazis, Islandia parecía el siguiente paso lógico para Hitler. El primer ministro británico, Winston Churchill, planeaba vencer a su enemigo allí y realizar una ocupación diplomática no violenta que pondría fin al movimiento del Eje hacia el oeste.

El problema fue que Islandia fue una nación oficialmente neutral durante la guerra y se negó rotundamente a trabajar con Gran Bretaña por temor a represalias de Alemania. Gran Bretaña, por otro lado, estaba convencida de que Islandia estaba en riesgo a pesar de su condición de neutral, por lo que los dos países se embarcaron en discusiones diplomáticas en la primavera de 1940. Mientras que el primer ministro de Islandia, Hermann Jónasson, temía poner en peligro la neutralidad de su país, Gran Bretaña estaba preocupada de que unas discusiones prolongadas llamaran la atención de la inteligencia alemana.

Incapaz de llegar a un pacto formal de su agrado con Islandia, el primer ministro Churchill ordenó a cuatro barcos de los Royal Marines que partiesen desde Escocia el 8 de mayo.[35] Dos días después llegaron a Islandia los cruceros HMS *Berwick* y HMS *Glasgow*, junto con los destructores HMS *Fearless* y HMS *Fortune*. Las tropas a bordo apenas habían terminado su entrenamiento militar formal, algunas de ellas lo hicieron camino a su destino. Una vez en posición, se ordenó a los aviones británicos que buscaran submarinos y barcos enemigos en el área. Se advirtió a los pilotos que no sobrevolaran poblaciones para evitar el pánico. Sin embargo, un avión de reconocimiento Supermarine Walrus del HMS *Berwick* sobrevoló la capital islandesa de Reykjavik varias veces a plena vista. El cónsul alemán en Reykjavik, Werner Gerlach, sospechó de inmediato lo que estaba sucediendo.

Miembro fiel del Partido Nazi alemán, Gerlich había sido destinado específicamente a Islandia para tratar de ganarse a la población hacia el lado de Hitler. Como nación cristiana con una población mayoritariamente caucásica, Islandia era un futuro aliado ideal para un líder cuya política de pureza étnica era muy importante para él y sus seguidores. El consulado claramente no había logrado tener éxito en su tarea porque Islandia seguía siendo completamente

---

[35]Guðmundsson, Hjörtur J. "History: British Forces Occupy Iceland". *Iceland Monitor*. 3 mayo 2016.

reacia a hacer una declaración de apoyo a favor de Hitler o sus enemigos.

Sin embargo, no hubo tiempo para que Alemania interviniera, ya que solo dos horas después, los barcos de los Royal Marines desembarcaron en el puerto de Reykjavík. La gente acudió a los muelles para ver qué estaba sucediendo, y los funcionarios del gobierno enviaron un mensaje formal al comandante de la Flota de Gran Bretaña indicando que la acción de Gran Bretaña había puesto en riesgo su neutralidad como nación. El cónsul británico respondió pidiendo a la policía local que despejara la zona de civiles para que los marines pudieran desembarcar. La policía obedeció.

Las tropas británicas aseguraron lugares importantes y, aunque el gobierno de Islandia declaró una protesta formal, los lugareños fueron obligados a la ocupación pacífica. El primer ministro Jónasson ordenó a la fuerza policial que mantuviera la paz entre los civiles y los marines británicos y que, al mismo tiempo, se mantuviese al margen de los asuntos de los ocupantes. Los islandeses continuaron protestando durante varios días hasta que a su gobierno se le prometió una compensación financiera, acuerdos comerciales y la salida de las tropas británicas tan pronto como terminara la guerra. Los ocupantes también tuvieron que prometer hacerse a un lado en cualquier disputa local. A regañadientes, se aceptaron los términos.

Para los británicos, era de suma importancia hacerse con el control de los servicios de telecomunicaciones de Islandia antes de que las noticias de la invasión pudieran llegar a los alemanes. En consecuencia, rápidamente se apoderaron del servicio de radiodifusión local y de la Oficina Meteorológica para asegurarse de que todas las comunicaciones fueran censuradas o cortadas por completo. También detuvieron a los ciudadanos alemanes que encontraron, incluido el cónsul alemán. En el momento de su arresto, Werner Gerlich estaba ocupado quemando papeles en su bañera. Las tropas británicas apagaron el fuego y lograron salvar algunos de los documentos de inteligencia para su propio uso.

Los Royal Marines también sospechaban que habían llegado justo a tiempo; había tripulantes alemanes en Islandia que se habían salvado del hundimiento de un barco en las inmediaciones. En lo que respecta al gobierno británico, el barco fue probablemente la primera oleada prevista de una fuerza de ocupación alemana. Esto bien puede haber sido cierto, ya que los oficiales de inteligencia informaron de que los nazis tenían planes de ocupar Islandia; en aguas controladas por los británicos, sin embargo, la idea tenía poco sentido y pronto se abandonó. Con la intención de proteger al pequeño país de Hitler, las fuerzas británicas permanecieron allí el mayor tiempo posible. Desafortunadamente, como única potencia militar oponiéndose a las potencias del Eje durante 1940, Gran Bretaña estaba increíblemente sobrecargada y necesitaba ayuda. Se acercó a Canadá en busca de ayuda en Islandia y, en solo unas semanas, llegaron las fuerzas canadienses.

Cuatro mil tropas canadienses llegaron el 17 de marzo, lo que finalmente elevó las fuerzas de ocupación de tropas canadienses y británicas a 25.000.[36] Un año más tarde, el presidente de los Estados Unidos, Roosevelt, envió sus propias tropas a Islandia, liberando así las fuerzas británicas que se necesitaban con urgencia en Europa continental. El primer ministro Churchill aceptó la oferta con mucho agradecimiento, y el 1 de julio, la Brigada de Infantería de Marina de los Estados Unidos llegó para ocupar el lugar de Gran Bretaña.[37] Las propias tropas de Churchill regresaron rápidamente al frente interno.

---

[36]Fairchild, B. "Decision to Land United States Forces in Iceland, 1941". 2000.

[37]"Fact File: Britain Garrisons Iceland". *BBC WWI People's Home.* Web.

Capítulo Siete – Japón Contempla ir a la Guerra

A pesar de sus esperanzas de disuadir a Estados Unidos y Gran Bretaña de involucrarse en su campaña china, la firma de Japón en el Pacto Tripartito puso un objetivo directamente sobre su propia espalda. Entre el compromiso de Japón con la guerra en Europa y el hecho de que se negara a dejar de avanzar en China, las naciones occidentales no tuvieron más remedio que idear un plan para lidiar con la nación rebelde.

Primero, Estados Unidos firmó un acuerdo con Holanda y Gran Bretaña para detener todas las exportaciones de petróleo con destino a Japón. Este fue un problema importante para Japón, que importaba el noventa por ciento de su petróleo y que no podía continuar su campaña militar ni satisfacer las demandas de petróleo en su territorio de origen sin importaciones. A pesar de las restricciones, ninguna nación que participó en el acuerdo sintió que podía permitirse cortar el mercado petrolero japonés por completo, por lo que decidieron cortar otros artículos como caucho y acero, motores de aviones y piezas de ingeniería.

A principios de 1941, Japón negoció un pacto de no agresión de cinco años con la Unión Soviética, protegiendo así su frente oriental y dándole la oportunidad de expandir sus operaciones en la guerra occidental.[38] Para los soviéticos, que ya estaban envueltos en la Segunda Guerra Mundial, el pacto con Japón les dio el gran alivio de no tener que prepararse también para un ataque en sus fronteras este o sur. Mientras Europa se alineaba a ambos lados de la maquinaria de guerra dirigida por Alemania, Japón aprovechó la oportunidad para anexionar propiedades europeas en toda Asia. Con Europa ocupada luchando entre sí, seguramente habría poca resistencia militar en un campo de batalla tan distante.

Japón marchó sobre la Indochina francesa con tropas adicionales y pronto se trasladó a las Indias Orientales Holandesas. Al darse cuenta de que el Imperio japonés todavía estaba activo, el presidente de los Estados Unidos, Franklin Roosevelt, sintió que no quedaba más remedio que aislar a Japón de los recursos occidentales por completo. Por lo tanto, impuso un embargo sobre el petróleo, y esto inspiró a los Países Bajos a hacer lo mismo rápidamente. Con estas restricciones vigentes, el lugar más lógico para que Japón buscara petróleo seguía siendo las Indias Orientales Holandesas, pero estaba claro que tal ataque y captura no sería posible sin llevar a Estados Unidos, Holanda y Gran Bretaña a la guerra. Para capturar esos campos petrolíferos, sería necesario vencer a las fuerzas británicas en Singapur, a las fuerzas estadounidenses en Filipinas y, en última instancia, aplastar a la Armada de los EE. UU. en Pearl Harbor para garantizar que no hubiera más ataques estadounidenses por mar.

Japón y Estados Unidos entablaron negociaciones durante varios meses durante el embargo, pero no lograron llegar a una resolución. El imperio no deseaba detener su expansión en Asia y, de hecho, estaba haciendo planes para entrar en Filipinas y Malasia, y no había forma de hacer tal cosa sin encontrarse cara a cara con la Armada de los Estados Unidos. Solo había una forma en que el Imperio japonés estaba dispuesto a enfrentarse a Estados Unidos en la batalla, y era

---

[38]Warfare History Network. "The Forgotten Reason Why Japan Attacked Pearl Harbor". *National Interest.* Web. 2017.

con un ataque sorpresa a su favor. Por lo tanto, Japón decidió lanzar un ataque simultáneo a las tres naciones, incluido un ataque directo al principal puesto avanzado de Estados Unidos en el Pacífico: Pearl Harbor. La planificación del próximo ataque les llevó meses; pero un día después del embargo de petróleo, el imperio estaba listo para atacar. Los japoneses apuntaron a Pearl Harbor, Filipinas, Singapur, Hong Kong, el norte de Malasia, Tailandia, Guam, la isla Wake y las islas Midway, y luego planearon anexionar la isla de Sumatra con su aeródromo y refinerías de petróleo adyacentes. Si estos ataques tuvieran éxito, Japón tendría vía libre para conquistar Asia y podría proporcionar su propio petróleo para más campañas militares. Además, si Japón lograba aplastar a la Armada de los Estados Unidos, tendría mucho menos que temer en términos de represalias estadounidenses, ya que la mayoría de los buques de guerra serían destruidos y el transporte de soldados estadounidenses a campos de batalla extranjeros sería mucho más difícil.

La única cuestión que quedaba pendiente era si se retiraban formalmente de las negociaciones diplomáticas con Estados Unidos y declaraban la guerra. Hubo controversia dentro del ministerio de guerra japonés con respecto a estos mismos temas desde que la Convención de La Haya de 1907 había delineado protocolos específicos para las naciones a punto de ir a la guerra. Finalmente se decidió que un mensaje detallando la retirada de Japón del proceso diplomático se enviaría treinta minutos antes de que se llevara a cabo el ataque; desafortunadamente, el mensaje largo y codificado tomó al embajador japonés en los Estados Unidos mucho más tiempo de lo esperado para transcribirlo. Las horas pasaban y Estados Unidos no recibió este mensaje vital.

La demora del mensaje de Japón, aunque su contenido resultaría polémico de todos modos, fue de gran importancia, ya que significaba que la administración del presidente Roosevelt no tendría tiempo para prepararse contra un ataque. De hecho, Estados Unidos creía que las negociaciones diplomáticas aún estaban en curso con Japón y que las dos naciones estaban lejos de la guerra.

Mientras los portaaviones enemigos se movían hacia el este hacia Pearl Harbor durante la noche, Estados Unidos no tenía ninguna razón para estar en alerta máxima o para preparar sus defensas militares.

Capítulo Ocho – El Ataque a Pearl Harbor

Diez años después del controvertido simulacro de ataque de Harry Yarnell en Pearl Harbor, la Armada japonesa orquestó una campaña sorprendentemente similar, utilizando seis portaaviones y una flota de aviones dos veces mayor que la utilizada en los juegos de guerra. Además de los aviones, la Armada japonesa también llevaba consigo varios torpedos lanzados desde el aire, cuya eficacia había sido probada un año antes cuando la Royal Navy británica utilizó armas similares contra los italianos en su base de Tarento.

La Marina de los EE. UU. También había leído informes sobre esos torpedos lanzados desde el aire, pero decidió que tales armas no eran relevantes para ningún posible ataque a Pearl Harbor porque este último estaba rodeado por aguas mucho menos profundas que de las que había en Tarento. Los expertos de Japón hicieron la misma suposición, pero modificaron sus propios torpedos para que funcionasen eficazmente en una trayectoria de aproximación poco profunda. Algunas de esas innovaciones estaban estacionadas a dos millas de Pearl Harbor en la madrugada del 7 de diciembre de 1941.[39]

---

[39]Klein, Christopher. "The Midget Subs that Beat the Planes to Pearl Harbor". *History.* Web.

Cinco mini submarinos japoneses se alzaron al alcance de los torpedos en la apertura de Pearl Harbor. A las 3:42 a. m., el intendente R.C. Uttrick vio algo extraño en el agua mientras miraba a través de sus prismáticos desde la cubierta del dragaminas USS *Condor*. A menos de dos millas al sur de la base naval de Estados Unidos, Uttrick creyó haber visto un periscopio perforando la superficie del océano. Informó al comandante de cubierta, señalando que no se había dado permiso a ningún submarino para ocupar esas aguas.

Los submarinos de 23 metros de Japón eran una parte importante de su plan de ataque, dado que los estadounidenses desconocían la existencia de submarinos lo suficientemente pequeños como para funcionar en las aguas poco profundas que rodean Pearl Harbor. Cada nave llevaba dos hombres y dos torpedos y funcionaba con energía de batería a una velocidad de diecinueve nudos en aguas poco profundas. Sin embargo, algunos miembros del ejército japonés sintieron que los diminutos submarinos eran un riesgo innecesario, dado que la mayor parte de su plan se centraba en un ataque aéreo, al igual que el de Harry Yarnell.

La "Operación Hawái", como Japón llamó al plan de ataque, resultó ser una situación ideal para probar los nuevos submarinos. Se les ordenó permanecer sumergidos hasta que aparecieran sus compañeros en el aire y comenzaran el ataque. Una vez que el barrido aéreo estuviera en marcha, los submarinos debían salir a la superficie y comenzar a disparar sus torpedos, apoyando a los aviones. Como algunos japoneses habían temido, los submarinos fueron detectados casi tres horas antes de la fecha programada para el ataque aéreo.

El informe del intendente R.C. Uttrick fue transmitido al colega del *Cóndor*, el destructor USS *Ward*. Poco después, otro mensaje llegó al *Ward*, informando de un avistamiento desde la torre de mando de un submarino no identificado cerca de la desembocadura de Pearl Harbor. El *Ward* actuó en base a esta información y se acercó a cincuenta metros del misterioso submarino.[40] Ward abrió fuego a las 6:45 a. m., hundiendo la nave en las profundidades del océano Pacífico justo cuando el sol salía por el horizonte.[41]

Sin que las tripulaciones del *Ward* ni del *Condor* lo supieran, este fue el primer disparo que Estados Unidos realizó en la Segunda Guerra Mundial. Una hora más tarde, la fuerza aérea designada por Japón surcó los cielos y lanzó su ataque sobre Pearl Harbor. Había 353 aviones imperiales involucrados en el ataque, y cuando se retiraron, los ocho acorazados de la Armada de Estados Unidos en Pearl Harbor habían recibido daños. Cuatro de los acorazados se habían hundido y tres cruceros también estaban hundidos o dañados. Un buque escuela antiaéreo y un buque minador también resultaron dañados y 188 aviones estadounidenses fueron destruidos. En total, 2.403 ciudadanos estadounidenses murieron y 1.178 resultaron heridos.[42]

El siguiente informe fue entregado al presidente estadounidense Franklin Roosevelt después del ataque de la mañana:

> Los japoneses atacaron Honolulu alrededor de las ocho de esta mañana. La primera advertencia fue de un submarino que estaba fuera del puerto y fue atacado por un destructor con bombas de profundidad. Resultado desconocido. Otro submarino fue hundido por aviones. Atacaron con aviones, bombas y torpedos. Se sabe que al menos dos aviones tenían un símbolo con la esvástica. Los ataques se produjeron en dos oleadas; primero en los aeródromos y luego en el astillero naval. Daños severos. El Oklahoma se ha hundido en Pearl

---

[40] Ibid.

[41] Ibid.

[42] Rosenberg, Jennifer. "Facts about the Japanese attack on Pearl Harbor". *ThoughtCo.* Web. 2019.

Harbor. El Tennessee está en llamas con mal pronóstico y están intentando atracarlo en dique seco.

El muelle Nº1 fue alcanzado por bombas. El Pennsylvania estaba en el muelle y aparentemente no sufrió daños. Dos destructores fueron alcanzados en el dique seco, uno de ellos estalló. Había un destructor en un muelle flotante que está en llamas y la cubierta se está inundando. Dos torpedos impactaron en el malecón entre el Helena, que es un crucero de 10,000 toneladas y 6 pulgadas, y el Oglala. El Oglala está muy dañado y probablemente no se pueda salvar. Está en llamas y es un viejo buque minador. La central eléctrica de Pearl Harbor sufrió un impacto, pero aún está en funcionamiento. La central eléctrica de Honolulu presumiblemente fue alcanzada porque no tiene energía. Los aeródromos de Ford Island, Hickam, Wheeler y Kanoehe fueron atacados.

Los hangares arden y el incendio de Hickam Field es grave. El exterior de los hangares del PBY está ardiendo. Probablemente muchas bajas de personal, aún sin cifras. Hasta donde Black sabe, Honolulu no fue atacada. No sabe cuántos aviones fueron derribados, pero sabe personalmente de dos. Ambos han estado tan ocupados que no se ha puesto en contacto con Kimmel. Hay dos grupos de trabajo en el mar, cada uno de ellos con un portaaviones. No sabe nada más sobre el tema, excepto que están en el mar. Esta información nos ha llegado por teléfono y no estamos recibiendo nada más aquí. El Sr. Vincent ha llamado, pero no he revelado nada, a la espera de noticias suyas. Los japoneses no tienen detalles del daño que han causado.[43]

---

[43]Yarrington, Gary A. *World War II: personal accounts--Pearl Harbor to V-J Day : a traveling exhibition sponsored by the National Archives and Records Administration, Volume 1, United States.* National Archives and Records Administration Lyndon Baines Johnson Foundation. 1992.

Después de las 14:00 ese mismo día, horas después de que ya se había producido el devastador ataque, el gobierno de Roosevelt finalmente se reunió con el embajador japonés para recibir el mensaje retrasado. En un extenso documento de catorce puntos, ese mensaje insistía en que el gobierno estadounidense había impedido la fiel búsqueda de la paz en Asia y el resto del mundo por parte de Japón. Para terminar, el documento decía lo siguiente:

> Por lo tanto, la sincera esperanza del gobierno japonés de ajustar las relaciones entre Japón y Estados Unidos y de preservar y promover la paz del Pacífico mediante la cooperación con el gobierno estadounidense finalmente se ha perdido.
>
> El Gobierno japonés lamenta tener que notificar por la presente al Gobierno americano que, en vista de la actitud del Gobierno americano, no puede dejar de considerar que es imposible llegar a un acuerdo a través de nuevas negociaciones.[44]

El gobierno estadounidense no consideró que este fuera un documento adecuado para advertir contra un ataque inminente por dos razones: el momento decididamente inadecuado y el hecho de que nunca se hizo una declaración de guerra.

---

[44] "Japanese Note to the United States United States December 7, 1941". *The Avalon Project.* Yale Law School. Web.

Capítulo Nueve – Consecuencias Inmediatas

Eleanor Roosevelt escribió el siguiente relato de sus experiencias inmediatamente después del ataque japonés a la base militar de Estados Unidos en Pearl Harbor:

> ... Al salir de mi habitación, supe que algo había sucedido... No dije nada porque las palabras que escuché por teléfono fueron suficientes para saber que, finalmente, había caído el golpe y habíamos sido atacados.
>
> Atacados en Filipinas, Hawái y en el océano entre San Francisco y Hawái. Nuestro pueblo había sido asesinado sin sospechar siquiera que hubiera un enemigo, que atacó de la forma habitual y despiadada que Hitler nos ha preparado para sospechar.
>
> Debido a que nuestra nación ha estado a la altura de las reglas de la civilización, probablemente nos tome unos días ponernos al nivel de nuestro enemigo, pero nadie en este país dudará del resultado final. Ninguno de nosotros puede evitar lamentar la elección que ha tomado Japón, [pero] habiéndola tomado, se ha enfrentado a una coalición de enemigos que debe subestimar; a menos que crea que nos hemos

deteriorado tristemente desde que nuestros primeros barcos llegaron a su puerto.

Debemos desarrollar los mejores servicios comunitarios posibles, para que toda nuestra gente se sienta segura, porque saben que estamos unidos y que cualquier problema que deba resolverse, será resuelto por la comunidad y no por un solo individuo. No hay debilidad e inseguridad una vez que esto es comprendido.

Inmediatamente después del ataque a Pearl Harbor, Estados Unidos se enfrentó a varios problemas. Primero, el gobierno necesitaba iniciar una investigación completa sobre el evento y averiguar exactamente qué había sucedido. Llegaron a la conclusión de que gran parte de la responsabilidad recaía sobre el contralmirante Husband E. Kimmel y el teniente general Walter Short, quienes habían recibido múltiples informes de submarinos no autorizados en las aguas que rodean Pearl Harbor y no actuaron con rapidez. Además, se descubrió que Kimmel y Short carecían de la diligencia apropiada para asegurar la base naval adecuadamente ante posibles ataques y, en consecuencia, ambos fueron relevados del mando.

El siguiente problema al que se enfrentó Estados Unidos fue el de su gran población de estadounidenses de origen japonés. A pesar de no ser un problema en sí mismo, todas las personas de ascendencia japonesa residentes en los Estados Unidos de repente se volvieron objeto de una profunda desconfianza por parte de otros ciudadanos. El racismo contra los japoneses, alemanes e italianos dentro de los Estados Unidos, incluso aquellos que eran ciudadanos nacidos en Estados Unidos o ciudadanos nacionalizados, era enorme.

A las pocas semanas del ataque a Pearl Harbor, el gobierno de los Estados Unidos comenzó una búsqueda intensiva de espías japoneses dentro de sus propias fronteras. En Hawái, esta fue una época particularmente dura, ya que un porcentaje muy alto de ciudadanos hawaianos tenía ascendencia japonesa, incluidos los que habían servido y muerto en la Base Naval de Pearl Harbor. A los ciudadanos nacidos en Estados Unidos con herencia japonesa se les prohibió ingresar al ejército de los Estados Unidos, y si ya estaban alistados, se les retiró del servicio. Los japoneses-estadounidenses en Oahu y todos los demás estados de EE. UU. Fueron registrados como "extranjeros enemigos".[45]

Estos supuestos enemigos no solo fueron retirados de sus puestos dentro del ejército estadounidense, sino que también fueron retenidos por la fuerza por la policía, el FBI y el ejército. Los arrestos se realizaron sin orden judicial y la primera oleada se centró en los japoneses que tenían antecedentes de haber sido investigados por la policía. Al considerar que no eran de fiar en tiempos de guerra, el gobierno ordenó recluir a estas personas durante la Segunda Guerra Mundial. En el momento de la mayoría de los arrestos, a sus familiares se les dijo que regresarían en unas pocas horas, pero en general, permanecieron en instalaciones gubernamentales durante años antes de ser liberados.

Legalmente, los campos de internamiento japoneses fueron tramitados por el presidente Franklin Roosevelt a través de su Orden Ejecutiva 9066 el 19 de febrero de 1942.[46] Dado que las poblaciones japonesas más grandes de los Estados Unidos estaban en California, Oregon y Washington, los campos se establecieron en esas regiones. Cerca de 117.000 personas de ascendencia japonesa fueron reubicadas en los campamentos, así como más de 2000 personas de origen sudamericano. México y Canadá crearon sus propias versiones de los campos de reubicación, con más de 21.000 japoneses siendo trasladados de la costa de la Columbia Británica en solidaridad con el plan de reubicación del presidente Roosevelt.[47]

---

[45] Densho. "At Pearl Harbor, Japanese Americans were victims of the attack — and their own government". *PRI.* 2016.

[46] "Japanese internment camps". *History.* Web. 2019.

[47] Ibid.

Después de haber pedido permiso al rey Jorge VI de Gran Bretaña, Canadá entro en la guerra del lado de los Aliados en septiembre de 1939.[48] Como resultado de toda la alianza de América del Norte y del Sur a través de las Naciones Unidas, un gran número de personas de ascendencia japonesa fue privada por completo de sus derechos y enviada a campos pagados con la venta de sus casas y propiedades. También se internó a italianos y alemanes en todo el continente americano, pero a una escala mucho menor que los japoneses.

El Departamento de Guerra de Estados Unidos estaba a favor de detener a todos los estadounidenses de origen japonés, mientras que el Departamento de Justicia de Estados Unidos argumentó que los civiles inocentes deberían ser respetados. Finalmente, ambos grupos fueron detenidos. John J. McCloy, el subsecretario de guerra, declaró que cuando se trataba de seguridad nacional, la Constitución estadounidense era "solo un trozo de papel", lo que significa que no le importaban las libertades civiles de aquellos a quienes quería arrestar. Durante este terrible período, las autoridades estadounidenses detuvieron a más de 1.200 líderes comunitarios japoneses. El gobierno también congeló todas las sucursales estadounidenses de los bancos japoneses.

Muchos miembros del gobierno de los EE. UU. abogaron por un enfoque que recolocaría a todos los ciudadanos y residentes japoneses tierra adentro, manteniéndolos así lejos de las áreas costeras donde podrían orquestar más ataques. Fue una empresa enorme ya que, en el momento del ataque a Pearl Harbor, había unas 125.000 personas de ascendencia japonesa viviendo en los Estados Unidos continentales.[49] En Hawái, que técnicamente era un dominio de los

---

[48] Rossignol, Michel. "Parliament, the National Defence Act, and the Decision to Participate". *Public Works and Government Services Canada.* 1992.

[49] Japanese American internment". *Encyclopaedia Britannica.* Web.

EE. UU., había hasta 200.000 residentes japoneses.[50] Aproximadamente 80.000 de estas personas eran japoneses de segunda generación, nacidos en Estados Unidos y documentados como ciudadanos oficiales.[51]

El gobierno, el ejército y la policía de los Estados Unidos insistieron en que los centros de detención japoneses no eran centros de castigo, sino de reubicación. Las evacuaciones forzadas comenzaron en los Estados Unidos el 24 de marzo de 1942.[52] A los residentes japoneses se les dio seis días para prepararse para su internamiento y solo se les permitió traer la cantidad de posesiones que pudieran llevar consigo. Los términos de internamiento eran estrictos: cualquier persona con al menos 1/16 de origen étnico japonés debía presentarse en un centro de reubicación local, momento en el que cada uno sería trasladado a una zona militar designada. Se estima que se llevaron a estas zonas militares a 17.000 niños menores de diez años, así como a muchos ancianos y enfermos.[53] En muchos casos, los residentes de los campos de internamiento fueron alojados en instalaciones que no eran para uso humano, incluidos establos o edificios de ferias.

Había diez centros de reubicación permanentes en los Estados Unidos, en los que generalmente se alojaba a varias familias junto con comedores comunes.[54] Dos de estos fueron erigidos en reservas indígenas, con la autorización de la Oficina de Asuntos Indígenas a pesar de las protestas de los habitantes nativos. Las personas que se consideraban una amenaza política fueron enviadas a un campamento en Tule Lake, California.

---

[50] Ibid.

[51] Ibid

[52] "Japanese internment camps". *History.* Web. 2019.

[53] "Japanese internment camps". *History.* Web. 2019.

[54] Ibid

Capítulo Diez – Estados Unidos va a la Guerra

El presidente Roosevelt había creído desde el principio que llegaría un punto en el que Estados Unidos tendría que involucrarse en la Segunda Guerra Mundial. Aunque él estaba dispuesto a hacer los preparativos, el país en su conjunto no lo estaba. Los planes de Roosevelt avanzaban a ritmo lento, pero para noviembre de 1939 había logrado convencer al Congreso de los Estados Unidos de que levantara el embargo de armas a Francia y Gran Bretaña.[55] Enviar armas y suministros militares a las potencias aliadas fue el primer rol que desempeñó Estados Unidos en la Segunda Guerra Mundial. Aun así, Roosevelt quería ir más lejos cuando, en el verano de 1940, los nazis derrotaron a Francia.[56] Con ese fin, creó la ley de Préstamo y Arriendo.

La ley de Préstamo y Arriendo permitió a Roosevelt ayudar a Gran Bretaña, que era la única potencia militar occidental que seguía luchando contra Hitler después de la caída de Francia. El primer

---

[55] "World War II (1939-1945)". *The Eleanor Roosevelt Papers Project*. Web.

[56] Ibid.

ministro británico, Winston Churchill, había pedido ayuda a Estados Unidos en repetidas ocasiones, pero Roosevelt tenía las manos atadas, dado el deseo del país de permanecer fuera de la guerra. Cuando el presidente explicó por primera vez su idea al gobierno a finales de 1940, Gran Bretaña estaba metida de lleno en la batalla de Inglaterra, la cual desató intensas campañas de bombardeos aéreos en suelo británico. El plan de préstamos que propuso Roosevelt permitiría a Estados Unidos enviar ayuda militar a cualquier nación cuya protección se considerara necesaria para la seguridad de Estados Unidos. Explicó que Estados Unidos podría enviar suministros para ayudar a Gran Bretaña a protegerse y que el favor se devolvería en el futuro. El proyecto de ley de Préstamo y Arriendo, sin embargo, no fue aprobado por el Congreso hasta el 10 de enero de 1941.[57]

La ley de Préstamo y Arriendo fue un movimiento crucial que finalmente permitió a los fabricantes estadounidenses producir y enviar cientos de miles de tanques, aviones y barcos al ejército británico. Aunque Gran Bretaña había logrado alejar a la Luftwaffe alemana de sus costas, la nación no podía seguir luchando contra Hitler sin armas, suministros defensivos ni soldados de refuerzo. En junio, Gran Bretaña al fin pudo relajarse un poco cuando la Unión Soviética se unió a los Aliados, tras un ataque alemán a su patria. A pesar de las diferencias económicas y políticas fundamentales entre las naciones occidentales y la Unión Soviética, ninguna de las partes pudo negar la necesidad de trabajar juntos contra Hitler.

El presidente Franklin Roosevelt se reunió con el Congreso de Estados Unidos el día después de que Japón atacara Pearl Harbor para solicitar que el país declarara formalmente la guerra. Tras los acontecimientos del día anterior, estaba emocionado y bien preparado, al igual que el resto de los allí reunidos. El siguiente discurso fue profundamente conmovedor y logró su propósito con facilidad:

---

[57] Ibid.

Ayer, 7 de diciembre de 1941 —una fecha que vivirá en la infamia— Estados Unidos de América fue atacado repentina y deliberadamente por fuerzas navales y aéreas del Imperio de Japón.

Estados Unidos estaba en paz con esa nación, y, a petición de Japón, estaba todavía llevando a cabo conversaciones con su gobierno y su Emperador buscando el mantenimiento de la paz en el Pacífico. De hecho, una hora después de que los escuadrones aéreos japoneses hubieran comenzado a bombardear la isla estadounidense de Oahu, el embajador japonés en Estados Unidos y su colega entregaron al secretario de Estado una respuesta formal a un reciente mensaje estadounidense. Aunque esta respuesta afirmaba que parecía inútil continuar las negociaciones diplomáticas existentes, no contenía amenaza alguna ni aludía a la guerra o a un ataque armado.

Hay que constatar que la distancia de Hawái desde Japón pone en evidencia que el ataque fue deliberadamente planeado hace muchos días o incluso semanas atrás. Durante ese tiempo el gobierno japonés ha buscado deliberadamente engañar a Estados Unidos mediante declaraciones falsas y expresiones de esperanza a favor de la continuidad de la paz.

El ataque de ayer sobre las islas de Hawái ha causado grandes daños a las fuerzas militares y navales estadounidenses. Lamento decirles que muchas vidas estadounidenses se han perdido. Además, se ha sabido que barcos estadounidenses han sido torpedeados en alta mar entre San Francisco y Honolulú.

Ayer el gobierno japonés también lanzó un ataque contra Malasia. La pasada noche fuerzas japonesas atacaron Hong Kong. La pasada noche fuerzas japonesas atacaron Guam. La pasada noche fuerzas japonesas atacaron las Islas Filipinas. La pasada noche fuerzas japonesas atacaron la isla Wake. Esta mañana fuerzas japonesas atacaron la isla Midway.

Japón, por lo tanto, ha emprendido una ofensiva sorpresa por toda el área del Pacífico. Los hechos de ayer y de hoy hablan por sí mismos. El pueblo de Estados Unidos ya se ha formado sus opiniones y comprendido bien las implicaciones para la vida y seguridad de nuestra nación.

Como Comandante en Jefe del Ejército y de la Marina, he decretado que se tomen todas las medidas para nuestra defensa. Pero toda nuestra nación siempre recordará el carácter del ataque contra nosotros. No importa cuánto tiempo nos tome superar esta invasión premeditada, el pueblo estadounidense con su recto poder marchará hasta la victoria absoluta.[58]

El *Times* informó de que el Ejército de los Estados Unidos recibió 2.684 solicitudes en los dos días posteriores a la declaración de guerra de su nación a Japón.[59] La cantidad de personal de la marina casi se duplicó a más de 54.000, y el ejército aceptó más de un millón de nuevos reclutas, expandiendo su número a aproximadamente 1.5 millones.[60] La gente estaba asustada y furiosa por haber sido atacados de manera tan terrible a pesar de haber mantenido una política de paz, y muchos de ellos querían asegurarse de que tal cosa no volviera a suceder. Al fin, Estados Unidos comenzó a enviar tropas en lugar de solo máquinas de guerra.

Con Japón y la Unión Soviética enfrentados en una guerra en dos frentes, Roosevelt reconoció la ventaja estratégica de prestar también armas a la Unión Soviética para desviar los recursos de Hitler de

---

[58] Extraído de la Biblioteca del Congreso. "Discurso de Franklin D. Roosevelt".

[59] "Attack on Pearl Harbor – 1941". *Atomic Heritage Foundation*. Web.

[60] "Research Starters: US Military by the Numbers". *The National WWII Museum New Orleans*. Web.

Europa occidental. Con los soviéticos activos en el este, asegurando que Japón no entrara en Europa, las fuerzas estadounidenses tendrían menos presión en el oeste mientras planificaban una liberación masiva de Europa. Las fuerzas estadounidenses pronto inundaron los campos de batalla, comandados por líderes militares como el general Dwight D. Eisenhower, el general Douglas MacArthur y el almirante Chester Nimitz. Eisenhower orquestó la estrategia de Estados Unidos en el frente occidental de Europa, mientras que MacArthur y Nimitz tomaron el control en el Pacífico.

Solo dos días después de que Estados Unidos declarara la guerra a Japón, Alemania envió su propia declaración de guerra contra Estados Unidos. El presidente Roosevelt correspondió el mismo día. Los Aliados volvían a tener una oportunidad contra Hitler y los poderes del Eje.

Capítulo Once – El Ejército Americano se Prepara para la Guerra

Cuando estalló la guerra en Europa y Asia, Estados Unidos estaba comenzando a salir de la Gran Depresión. En un hecho irónico, fue la presencia de la guerra en el resto del mundo lo que ayudó a los estadounidenses a revitalizar su propia economía. Con Europa necesitada urgentemente de armas y vehículos militares, las fábricas estadounidenses ya estaban a pleno rendimiento mucho antes de que los estadounidenses en general consideraran unirse al esfuerzo de guerra con sus aliados políticos. Después del ataque a Pearl Harbor, no tuvieron más remedio que involucrarse al máximo.

Las cartas eran el medio de comunicación más importante entre las familias y los que servían en el extranjero, al igual que lo habían sido durante la Primera Guerra Mundial. Se escribieron tantas cartas durante la guerra que los barcos de suministros militares se inundaron con bolsas de cartas para enviar. Llenos de cartas, los barcos tenían muy poco espacio para materiales de guerra como municiones y armas. Para solucionar el problema, se popularizó un nuevo método de envío de cartas llamado V-mail o correo de la victoria

El V-mail surgió en Inglaterra, donde el correo personal entre los soldados y sus familias era fotografiado y transferido a un microfilm antes de ser reenviado a los destinatarios. Una vez recibidas, las imágenes de microfilm podrían ampliarse y reimprimirse, ahorrando así toneladas de espacio de almacenamiento en buques estadounidenses y otros aliados. El V-mail era gratuito para los soldados, aunque familiares y amigos tenían que pagar para usarlo. A pesar de los problemas logísticos que suponía enviar y manipular incluso las versiones en microfilm de estas cartas, la correspondencia entre los que estaban en el frente y los que estaban en casa se consideró enormemente beneficiosa para la moral de los combatientes.

La siguiente carta de un soldado estadounidense llamado Frank a su madre estaba fechada el 4 de septiembre de 1942 y se envió desde una isla sin nombre del Pacífico:

> Querida madre,
>
> He pensado en escribirte unas palabras y contarte algunas cosas que nos permiten contar. Hay muchas cosas que no podemos mencionar. Estoy bien y me siento bien en general. Tenemos guardia esta noche y hemos tenido bastantes caminatas para mantener la condición física. No puedo decir mucho sobre la isla aparte de eso, no esta tan mal y tiene muchas ventajas para nuestra protección. Fui a la iglesia aquí en el campamento y disfruté del sermón al aire libre. Entrenamos para mantenernos en forma, así, cuando nos necesiten para hacer un trabajo, estaremos preparados. Es un buen entrenamiento el que hacemos aquí, ya que todos nuestros combates tendrán lugar en este mismo tipo de islas. He estado atendiendo a alguna clase sobre algunos temas interesantes. Parece que estamos más cerca de la victoria después de destruir la mayoría de los aviones y la Armada japonesa. Si todo va bien, tal vez nos vayamos para Navidad. Musha, sé que te cuidarás y no te preocuparás por nada.

> Realmente disfruto de la isla y como estamos ocupados todo el tiempo, tenemos bastantes libros y películas para mantenernos de buen humor. También jugamos a fútbol y béisbol y practicamos natación. Siempre pensando en ti y en los chicos. Escucho las noticias todas las noches por radio.[61]

Frank participó en la batalla de Tulagi ese mismo año, sobre la que también escribió a casa:

> Grandes bombarderos sobre nuestras cabezas soltando huevos a nuestro alrededor. Por la noche se libraba una auténtica batalla. Vi trazadoras que salían de nuestras naves... llamas por todas partes. No podemos hablar de las pérdidas de la guerra, así que supongo que todo lo que puedo decir es que ganamos la batalla. Estoy seguro de que era un 4 de julio y que ocurrió ocho meses después del ataque a Pearl Harbor.[62]

Fue en esas fechas, en noviembre de 1942, cuando el gobierno de los Estados Unidos comenzó a implantar el servicio militar obligatorio.[63] La edad de reclutamiento se amplió para incluir a los hombres entre 18 y 37 años. Anteriormente, debido a un proyecto de ley firmado por el presidente Roosevelt en 1940, los hombres de entre 21 y 30 años debían registrarse en sus oficinas de reclutamiento locales.[64] En 1943, el proyecto de ley se amplió aún más para incluir a los hombres de raza negra, que tradicionalmente habían sido excluidos.[65] Aunque muchos hombres estadounidenses se habían ofrecido como voluntarios para luchar después del ataque a Pearl Harbor, el número de personal militar no era tan alto como

---

[61] Extraído de "Brothers in Arms" de Dan Lamothe *Washington Post.* 2017.

[62] Ibid.

[63] "Conscription". *History.* Web.

[64] Glass, Andrew. "FDR Signs Draft Act". *Político.* Web. 2008.

[65] Ibid.

Roosevelt y los generales militares requerían para su campaña de guerra a gran escala.

Algunos hombres se declararon "objetores de conciencia" y se les permitió rechazar el reclutamiento si podían mostrar "sinceridad de creencia en las enseñanzas religiosas combinada con una profunda aversión moral a la guerra".[66] Para aquellos que se vieron obligados a unirse a las filas por ley, sus nombres fueron elegidos al azar para servir en el ejército durante doce meses. El 12 de agosto de 1941, se llevó a cabo una votación extremadamente reñida en la Cámara de Representantes, y por un resultado de 203 a 202, la Cámara extendió el servicio militar más allá de los doce meses.[67] Se firmó una nueva revisión después de que Estados Unidos entrara en la guerra, que requería que todos los hombres entre los 18 y 65 años se registraran en la oficina de reclutamiento.[68]

Aunque el ejército de los Estados Unidos había comenzado 1939 con 174.000 soldados, sus efectivos combinados en 1945 ascendían a más de 11 millones.[69]

---

[66] Ibid.

[67] Ibid.

[68] "Training the American GI". *The National WWII Museum New Orleans*. Web.

[69] "Training the American GI". *The National WWII Museum New Orleans*. Web.

Capítulo Doce – La vida en Los Estados Unidos de América Durante la Guerra

Con millones de civiles entrando en el ejército de los EE. UU., hacía falta poner en marcha un amplio programa de entrenamiento inmediatamente. La mayoría de las personas que se unieron a las filas del ejército y la marina no tenían experiencia militar alguna; generalmente eran hombres jóvenes que habrían estado formando familias o cursando estudios universitarios si la nación no hubiera estado en guerra. La mayoría de ellos nunca había salido de los Estados Unidos y su primera experiencia en un país extranjero sería en un campo de entrenamiento militar.

Los nuevos reclutas tenían distintas vías de acceso al ejército, incluidos programas de capacitación en escuelas secundarias y universidades como el Cuerpo Educativo de Oficiales de Reserva del Ejército. Muchos otros se inscribieron en los centros de reclutamiento locales después del ataque a Pearl Harbor. Estos voluntarios comprendieron aproximadamente el treinta y nueve por ciento de los nuevos hombres y mujeres del personal militar; la mayoría fueron llamados al servicio militar obligatorio, que se denominó oficialmente

Ley de Educación y Servicios Selectivos.[70] De 1940 a 1947, se estima que 10 millones de personas fueron reclutadas en el ejército de Estados Unidos.

Todo el personal nuevo tuvo unas pocas semanas de entrenamiento básico diseñado para transformar individuos comunes en miembros de grupos combatientes capaces de trabajar juntos de manera eficiente. Inmediatamente después de llegar a uno de los muchos campos de entrenamiento, los nuevos reclutas entregaron su ropa de civil a cambio de uniformes y equipo. Les afeitaron la cabeza y a cada uno se le asignó un número de serie antes de ser enviado a dormir, comer, hacer ejercicio y aprender junto a sus compañeros. Aprendieron a seguir instrucciones con rapidez y precisión, repitiendo una serie de ejercicios básicos una y otra vez. Marcharon, cargaron, descargaron y limpiaron sus armas y realizaron horas y horas de entrenamiento físico.

Los sargentos de instrucción, a cargo de la mayor parte de este entrenamiento, no pasaban por alto ni el más pequeño de los errores cometido por los reclutas e impartían los castigos consecuentes. El castigo por no seguir las órdenes, ya fuera intencionalmente o por otros motivos, solía ser el ejercicio físico duro o turnos adicionales en la cocina. Una vez terminado este entrenamiento, los reclutas que lo superaban eran más capaces y fuertes, y tenían la confianza necesaria en sí mismos para creer que realmente podrían desempeñar un papel crucial en las batallas que estaban por venir.

La siguiente fase era el entrenamiento especializado, centrado específicamente en la rama militar elegida por un recluta. El Ejército, la Armada y la Infantería de Marina de los EE. UU. necesitaban operadores de radio, expertos en comunicaciones, francotiradores especialmente entrenados y una plétora de otros soldados altamente capacitados para cumplir literalmente millones de roles. Algunos de ellos fueron enviados a siete campos de entrenamiento diferentes para

---

[70] "Training the American GI". *The National WWII Museum New Orleans*. Web.

aprender cada conjunto de habilidades específicas antes de finalmente ser enviados a sus puestos en el Atlántico o el Pacífico. Los paracaidistas, los equipos antiaéreos, las tropas del desierto y otras unidades especiales fueron entrenadas rigurosamente, e incluso en sus destinos militares, los soldados estadounidenses siguieron realizando ejercicios de combate durante el mayor tiempo posible antes de entrar en acción.

En suelo nacional, la producción era la mayor preocupación en un esfuerzo por proporcionar armas y suministros a los millones de hombres y mujeres en el frente. Muchas familias se quedaron rápidamente sin artículos como medias de nylon, ciertos tipos de alimentos e incluso vivienda, y al igual que los británicos, pronto quedaron bajo la autoridad de la junta de racionamiento. La campaña "Alimentos para la victoria" del gobierno imitó a la del primer ministro Churchill en el sentido de que pedía a los ciudadanos que plantaran huertos para su propio consumo. Estos "Jardines de la Victoria" se extendieron por todos los jardines de todas las casas, campas abandonadas y parques públicos, creando aproximadamente mil millones de toneladas de alimentos.

El excedente de hortalizas de los huertos de Estados Unidos se conservaba y almacenaba en cada casa, mientras las familias consultaban los "Libros de cocina de la victoria" para conocer nuevas e innovadoras formas de cocinar las verduras disponibles en cada temporada. Mientras tanto, para mantener a los soldados estadounidenses abastecidos con el tan necesario chocolate para levantar la moral, el consumo de azúcar de los civiles fue racionado estrictamente, al igual que la carne y el café. Sin embargo, no solo se pidió a los hogares que se conformaran con menos; también se les pidió que contribuyeran de muchas pequeñas maneras al esfuerzo bélico, como por ejemplo guardando las grasas que no eran utilizadas en la cocina y los metales desechables. El metal podría usarse para las armas; las grasas se usaban para fabricar glicerina, necesaria para fabricar explosivos. Incluso trapos, papel, seda, cuerdas, caucho, estaño y nailon eran muy necesarios y se recogían de los hogares estadounidenses para sumar al esfuerzo bélico.

Para apoyar aún más la guerra a un nivel puramente financiero, el gobierno de Roosevelt introdujo el bono de guerra: un sistema en el que el gobierno pide prestado dinero a los ciudadanos con la promesa de devolverlo con intereses. Además, se aumentaron los impuestos federales sobre la renta y, por primera vez, se requirió que cincuenta millones de estadounidenses presentaran sus formularios de impuestos sobre la renta.[71] Con tanto por hacer, el desempleo prácticamente desapareció y las mujeres estadounidenses se volvieron altamente cualificadas en los trabajos de producción que mantenían al ejército del país abastecido de bombas, armas, barcos e incluso aviones. Los afroamericanos también tuvieron la oportunidad de participar en trabajos mejor remunerados, aunque en algunas áreas todavía se enfrentaban a la discriminación a pesar de la necesidad de mano de obra. Para combatir esto, Roosevelt creó la Comisión de Prácticas Justas en el Empleo para investigar incidentes de ciudadanos negros que fueron rechazados de trabajos que generalmente ocupaban hombres blancos.

La economía nacional estaba en auge, mientras que, lejos de allí, los soldados estadounidenses se unieron a sus aliados británicos en varias bases militares estratégicas. Juntos, hicieron planes para ganar la guerra contra Adolf Hitler y el emperador Hirohito.

---

[71] "Take a closer look: America goes to war". *The National WWII Museum New Orleans*. Web.

Capítulo Trece – El Campo de Reubicación de Tule Lake

En 1943, los residentes de los centros de reubicación japoneses recibieron un cuestionario diseñado para separar a los japoneses leales nacidos en Estados Unidos de aquellos que pudiesen ser problemáticos.[72] Apodado el "cuestionario de lealtad", fue creado con la colaboración de la Oficina de Inteligencia Naval para estudiar el potencial reclutamiento militar del grupo cultural Nisei. El grupo Nisei estaba compuesto por japoneses de segunda generación nacidos en Estados Unidos; los japoneses de primera generación se llamaban a sí mismos Issei. El cuestionario de lealtad provocó cierta tensión entre los dos grupos culturales, y también obligó a algunos japoneses internos a presentar una identidad falsa al ejército estadounidense.

La Oficina de Inteligencia Naval afirmó que su cuestionario podía predecir correctamente la lealtad de los estadounidenses de origen japonés a Estados Unidos. Dado que el Departamento de Guerra necesitaba un método estandarizado para procesar la nacionalidad Nisei, las pruebas se administraron con un doble propósito. Los

---

[72] "Tule Lake". *Densho Encyclopaedia*. Web.

cuestionarios se entregaron a todos los hombres Nisei adultos en los campamentos, así como a los que ya estaban en el ejército.

Las preguntas del cuestionario de lealtad tenían que ver principalmente con la identidad de las personas encuestadas, y requerían información sobre sus residencias anteriores, educación, habilidades lingüísticas, etnia, afiliaciones de grupo, miembros de la familia en Japón y propiedades en Japón. Para cada pregunta, las respuestas se codificaron en una de dos categorías: japonés o estadounidense. Cada respuesta que caía en la categoría japonesa resultaba en puntos negativos; cada respuesta en la categoría estadounidense en puntos positivos. Ser cristiano, por ejemplo, sumaba puntos al resultado, mientras que poseer una propiedad en Japón resultaba en la pérdida de puntos.

Las preguntas inquietaban a la mayoría de los encuestados por varias razones. A los hombres les preocupaba que, si admitían estar dispuestos a servir en el ejército de los Estados Unidos, serían inmediatamente reclutados para ir al frente. A las mujeres, que finalmente recibieron una copia del mismo cuestionario, se les preguntó si estarían dispuestas a servir en el Cuerpo Auxiliar de Mujeres. A ambos se les preguntó si juraban lealtad incuestionable a los Estados Unidos y renunciaban a cualquier tipo de lealtad al emperador de Japón. Los encuestados se sintieron insultados por la insinuación de que guardaban algún tipo de lealtad con el emperador de Japón, pero también les preocupaba el hecho de que renunciar a su condición de ciudadanos japoneses los dejaría sin ninguna ciudadanía formal en el mundo.

Algunos de los encuestados optaron por dejar las preguntas en blanco para evitar ponerse en peligro a sí mismos y a sus familias, pero el ejército de los Estados Unidos no recibió amablemente esas preguntas sin respuesta. Preocupadas por la lealtad poco clara de algunos de los encuestados, incluidos muchos que dejaron sus cuestionarios en blanco, las autoridades optaron por trasladar a las personas que consideraban potencialmente peligrosas al Centro de Reubicación de Tule Lake en California.

El complejo de Tule Lake estaba ubicado en el lecho de un lago seco que había sido drenado en 1920 para proporcionar tierras de cultivo a las granjas agrícolas.[73] Toda el área tenía una extensión de 4,685 acres, y la mayor parte todavía estaba en cultivo. El espacio habitable equivalía a poco más de mil acres. El campamento también estaba ubicado dentro del hogar ancestral de la tribu Modoc, que ya había tenido sus propios problemas con el gobierno de Estados Unidos un siglo antes. El centro abrió oficialmente el 27 de mayo de 1942, con una población de alrededor de 11.500 reclusos.[74]

Las comunidades locales cercanas estaban extremadamente descontentas con la proximidad de la inmensa instalación y les preocupaba su seguridad. Los lugareños generalmente tenían una percepción muy negativa de los japoneses, especialmente de los que estaban encerrados en Tule Lake. Las personas que vivían en las ciudades que rodeaban el centro de reubicación a menudo creían que, mientras ellos sufrían el racionamiento y los tiempos difíciles, las personas en el campo de detención disfrutaban de comida abundante y lujosas comodidades. Esa percepción no mejoró cuando los residentes de Tule Lake comenzaron a hacer protestas por la aplicación de los cuestionarios de lealtad y cientos de ellos fueron enviados a cárceles del país. Sin embargo, al carecer de cargos penales formales, los trasladaron de nuevo a las dependencias de aislamiento del campo. Aun así, miles se negaron a responder los cuestionarios directamente, o respondían, pero escribirían notas al lado de sus respuestas, como "cuando se restablezcan mis derechos".[75] La ambigüedad y la naturaleza obviamente política del cuestionario

---

[73] "Tule Lake". *Densho Encyclopaedia*. Web.

[74] Ibid.

[75] Ibid.

dieron como resultado que decenas de miles de japoneses-estadounidenses, por lo demás legales, fueran trasladados a Tule Lake, donde el problema no hizo más que aumentar. La población del campamento en su momento más alto fue de 18.789.[76]

El 15 de julio de 1943, el campamento de Tule Lake fue rebautizado oficialmente como centro de segregación.[77] El nivel de seguridad se elevó de inmediato en todo el recinto. Había alambre de espino adicional y se instaló una valla doble de dos metros y medio de altura para evitar que los presos escaparan. Originalmente con seis torres de vigilancia, Tule Lake fue equipado con otras veintidós alrededor del recinto, junto con mil policías militares.[78] La policía conducía carros blindados y tanques, por si hubiera estallidos de violencia. Con el número de reclusos en aumento, unos seis mil detenidos que habían sido identificados como leales a los Estados Unidos fueron trasladados a uno de los otros centros de reubicación. Aun así, el número siguió aumentando a medida que los presos etiquetados como "desleales" en otros centros fueron separados de sus compañeros.

A los presos de todas las instalaciones de reubicación, incluido el de Tule Lake, se les asignaron trabajos destinados a apoyar el esfuerzo de guerra. Los detenidos eran responsables de todo, desde la recolección de cultivos hasta la fabricación de redes de camuflaje. Algunos incluso fueron contratados como maestros y médicos. Cualquiera que fuera el trabajo, a los detenidos no se les pagaba más que a un soldado raso del ejército. En Tule Lake, la agricultura era la principal fuente de empleo de los reclusos, dada la extensa tierra de cultivo que rodeaba las instalaciones.

---

[76] Ibid.

[77] Ibid.

[78] Ibid.

En octubre de 1943, hubo un accidente con un camión agrícola y murió un prisionero.[79] Otros cinco resultaron heridos. Inmediatamente, los trabajadores internos se declararon en huelga, exigiendo mejores condiciones de trabajo y compensación por las lesiones sufridas mientras trabajaban en el campo. Raymond Best, Director del Proyecto del Centro de Segregación de Tule Lake, se negó a escuchar las protestas de los trabajadores y simplemente respondió trayendo trabajadores de reemplazo de uno de los centros de reubicación "leales". Para castigar aún más a los recolectores en huelga, Best pagó a los trabajadores de reemplazo un exorbitante dólar por hora, lo que les dio el mismo salario en dos días que los trabajadores originales de Tule Lake ganaban en un mes.[80]

A principios de noviembre, altos mandos del gobierno visitaron el campo para supervisar las negociaciones entre los prisioneros y Best. Aun así, Best se negó a cumplir con cualquiera de las demandas enumeradas por los reclusos, incluidas las relacionadas con la seguridad laboral y el seguro médico. La tensión era alta en todo el campo, y como las negociaciones continuaban fracasando, grupos de prisioneros comenzaron a reunirse en solidaridad con sus representantes. Temiendo un estallido de violencia, Best llamó al ejército. A la mañana siguiente, los prisioneros de Tule Lake fueron rociados con gases lacrimógenos y el ejército los disciplinó mediante tanques y jeeps armados.

El ejército estadounidense declaró la ley marcial en el campamento de Tule Lake el 14 de noviembre, iniciando un período de intensa represión y subyugación. La policía militar realizó redadas en las viviendas y encarceló a más de 200 hombres en un cercado de tamaño insuficiente. Los crímenes de los encerrados en el cercado fueron documentados para la posteridad e incluyen cargos como ser

---

[79] Ibid.

[80] Ibid.

"alguien con demasiados estudios para su propio bien" y un "alborotador general".[81]

---

[81] Ibid.

Capítulo Catorce – Italia Cambia de Bando

Italia ya se había unido a la contienda en el verano de 1940 cuando se hizo evidente que Francia no había logrado mantener a raya al ejército alemán. La entrada del país en la Segunda Guerra Mundial fue anunciada públicamente por el dictador fascista Benito Mussolini, quien esperaba sacar provecho de la guerra haciendo reclamos territoriales. Mussolini se alió políticamente con Alemania, ayudando rápidamente a Hitler a obligar a Francia a rendirse y luego a Grecia y al norte de África. Italia también envió un cuarto de millón de soldados a la Unión Soviética para ayudar a Alemania con la invasión, pero se estima que 85.000 de ellos nunca regresaron a casa.[82]

Para Italia, la guerra no gozó ni de popularidad ni de éxito. Las tropas fueron enviadas lejos de casa para participar en la lucha, y muchos de ellos ni siquiera estaban seguros de querer que su país tomara parte en el conflicto. Cada paso que dio Mussolini para ganar territorio para su régimen estuvo plagado de una resistencia aliada tan feroz que se vio obligado a pedir ayuda a los ejércitos de Hitler. Por sí sola, Italia tenía relativamente pocos cañones y tanques blindados y

---

[82] Italy, World War II, Military Disaster". *Encyclopaedia Britannica*. Web.

ningún transporte seguro para suministros al norte de África y Rusia. Llevar suministros a Italia resultó igualmente difícil. El intenso bombardeo de las fábricas del norte de Italia entre 1942 y 1943 supuso que incluso si tuvieran acceso al acero, al carbón y al petróleo, poco trabajo se podría hacer.[83]

Para combatir la baja moral de su pueblo y ejércitos, Benito Mussolini instauró una cuidadosa censura y propaganda en las emisoras de radio de Italia. Sin embargo, este fue un movimiento bastante ineficaz por su parte, ya que la gente ya se había dado cuenta de que podían sintonizar Radio Vaticano o Radio Londres para obtener informes de noticias más veraces. En marzo de 1943, los principales centros de fabricación de Milán y Turín dejaron de funcionar en medio de los bombardeos aliados para garantizar la reubicación segura de las familias de sus trabajadores.[84] Con una terrible escasez de alimentos y los sectores manufactureros del país bajo un intenso fuego, cientos de miles de civiles italianos huyeron de las ciudades.

En Sicilia, los lugareños formaron sus propios grupos rebeldes armados para mantener fuera de sus ciudades al ejército fascista, y esto ayudó a inspirar a más antifascistas en la Italia continental a organizarse. A lo largo de 1942 y 1943, los movimientos antifascistas ganaron terreno lentamente y, con el apoyo de grupos republicanos y comunistas, organizaron una serie de huelgas obreras para exigir el fin de la guerra. Se crearon varios partidos políticos para apoyar los ideales de los huelguistas, incluido el Partido Demócrata Cristiano y el Nuevo Partido de Acción. Los líderes antifascistas que habían huido de Italia al estallar la guerra empezaron a regresar a su tierra natal y se pusieron a trabajar juntos para derrocar al régimen de Mussolini.

Los grupos antifascistas firmaron un acuerdo para trabajar juntos en marzo de 1943, y para ese verano, la dictadura fascista de Italia ya

---

[83] Ibid.

[84] Ibid.

casi había caído. Los aliados invadieron Sicilia y expulsaron a los fascistas de la isla, tras lo cual los sicilianos abrazaron en gran medida al Partido Demócrata Cristiano. Con Mussolini perdiendo la guerra y la capacidad de proyectar autoridad sobre su pueblo, el Gran Consejo Fascista se reunió el 24 y 25 de julio para explorar sus opciones. El consejo se reunió en Roma por primera vez desde que Italia se unió a la guerra y decidió cuál era su mejor línea de acción. Votaron por invitar al rey Víctor Manuel III de Italia a aceptar el restablecimiento de sus poderes constitucionales y elegir un nuevo primer ministro para el país. Una gran mayoría de los miembros votó a favor de la propuesta, y ese mismo día el rey Emmanuel III destituyó a Mussolini y entregó el cargo de primer ministro al mariscal Pietro Badoglio. Badoglio era un veterano retirado de la Primera Guerra Mundial y una persona muy respetada.

Aunque el nombramiento de Badoglio como primer ministro fue seguido de una celebración generalizada en toda Italia, Benito Mussolini aún no había sido detenido. Mientras los antifascistas corrían por las calles, derribando estatuas de Mussolini y liberando a los manifestantes encarcelados, una facción de las autoridades locales permanecía leal al régimen fascista. Estos atacaron y mataron a ochenta y tres manifestantes antifascistas una semana después de la decisión del consejo. Badoglio actuó con rapidez, dando instrucciones al ejército para que ocupara puntos estratégicos en Roma, encontrara a Mussolini y lo detuviera. Ambas tareas se llevaron a cabo en dos días, y Badoglio fue instalado formalmente en el cargo el 27 de julio por un gobierno interino compuesto en su mayoría por ex fascistas.[85]

En cuanto a la guerra, Italia se encontró rápidamente en una especie de tira y afloja entre Alemania y las fuerzas aliadas. Mientras ambas partes intentaban desesperadamente asegurar el país para sus propios fines, Badoglio habló con representantes aliados en un intento por poner fin al bombardeo. Llegó a un acuerdo con el

---

[85] Ibid.

general estadounidense Dwight D. Eisenhower, quien supervisaba la campaña aliada en el Mediterráneo, y declaró que Italia ya no apoyaría la guerra de Adolf Hitler. El anuncio se hizo público el 8 de septiembre de 1943.[86] Básicamente, marcó el día en que Italia cambió de bando en la guerra, denunciando a los nazis y uniéndose a los aliados.

Desafortunadamente, la decisión de Badoglio no tuvo los efectos esperados, ya que Roma fue rápidamente tomada por las fuerzas alemanas. Incapaces de hacerlas retroceder, el gobierno y el rey huyeron al sur.

---

[86] Ibid.

Capítulo Quince – El Día D

Las fuerzas estadounidenses se unieron al esfuerzo de guerra rápidamente, asegurando el océano Atlántico para el transporte seguro de tropas y suministros. Excepto uno, los siete acorazados de la Armada de los Estados Unidos dañados o hundidos durante el ataque de Pearl Harbor fueron reflotados, reparados y devueltos al servicio. El general Eisenhower creía que se necesitaba un plan general detallado para derrotar a las fuerzas alemanas en Europa occidental de manera eficaz; se puso a trabajar en los detalles y lo llamó Operación Overlord. La campaña se llevaría a cabo en Normandía, una antigua región costera de Francia ubicada justo al otro lado del Canal de la Mancha de Gran Bretaña.

La preparación fue clave para la Operación Overlord. No solo el Atlántico debía estar libre de barcos y aviones enemigos para facilitar el movimiento de 800.000 tropas aliadas hacia el este, sino que la propia Normandía debía mantenerse lo más despejada posible.[87] La Real Fuerza Aérea Británica, que ya había demostrado su superioridad sobre la Luftwaffe alemana durante la batalla de Gran Bretaña, se puso a trabajar destruyendo líneas ferroviarias y puentes

---

[87] Kagan, Neil, and Stephen Hyslop. "History Magazine 'Top Secret' maps reveal the massive Allied effort behind D-Day". *History Magazine.* Web. 2019.

que conectaban el interior de Francia con Normandía. Su objetivo era interrumpir en la medida de lo posible el traslado de tropas alemanas a la costa, ya que era allí donde se desplegaría una inmensa fuerza aliada para iniciar la invasión francesa.

El día D, los Aliados planearon movilizar cinco divisiones en las playas de Normandía con el apoyo de tres divisiones aerotransportadas. Cada división constaba de unos 28.000 soldados.[88] Dado que la protección de esas divisiones era clave para que la invasión de Francia tuviera éxito, el plan incluía una segunda invasión a lo largo de la costa mediterránea. Desafortunadamente, debido al esfuerzo necesario para desembarcar una cantidad tan grande de soldados y equipo en Normandía, el sector mediterráneo del plan de ataque tuvo que retrasarse varios meses. Esto significaba que los Aliados se arriesgaban a enfrentarse a los nazis que llegaban desde el sur de Francia.

En cuanto a la defensa alemana a lo largo de las playas de Normandía, solo había una división estacionada allí. Sabiendo que era un punto débil, los comandantes alemanes enterraron minas a lo largo de la playa y llenaron las aguas costeras con grandes cantidades de escombros que hacían casi imposible desembarcar con marea alta. Los escombros obligarían a los botes de desembarco aliados a aterrizar durante la marea baja, haciendo que las divisiones terrestres tuvieran que realizar una carrera más larga, durante la cual eran vulnerables a los francotiradores alemanes.

Los espías alemanes empleados por los británicos también tenían mucho que contribuir a la Operación Overlord, ya que eran los encargados de difundir rumores sobre la campaña aliada. El objetivo era convencer a Alemania de que la invasión de Normandía era tan solo un señuelo para desviar las fuerzas alemanas de un ataque mayor en otros lugares, lo que provocó que menos alemanes estuvieran estacionados a lo largo de la costa. Sin embargo, en lugar de

---

[88] "1st Infantry Division History". *D-Day and Battle of Normandy Encyclopedia*. Web.

emprender un ataque continental, los aliados planearon desplegar sus divisiones a lo largo de cinco secciones diferentes de la playa: Gold, Juno, Sword, Utah y Omaha. La playa de Omaha, la más grande de todas, se subdividió en varias secciones más.

El general Eisenhower estaba impaciente por comenzar la Operación Overlord tan pronto como todos los soldados y el equipo estuvieran listos. Sin embargo, la campaña tuvo que posponerse dos semanas debido al clima desfavorable. La luna y las mareas tenían que ser las correctas para que los paracaidistas pudieran moverse hacia el interior antes del amanecer y los soldados con destino a la playa pudieran emerger del agua al amanecer. La tormenta paró por un momento el 6 de junio, y los Aliados aprovecharon la oportunidad, tanto para sorpresa de los alemanes en la costa como en detrimento de muchos combatientes Aliados.

En los Estados Unidos, el presidente Roosevelt se dirigió a la nación a través de las ondas de radio, pidiendo que su pueblo se uniera a él en una oración por las tropas la noche del 6 de junio de 1944.

> Compatriotas americanos: Anoche, cuando les hablé de la caída de Roma, supe en ese momento que tropas de Estados Unidos y nuestros aliados cruzaban el Canal en otra gran operación. Hasta ahora se ha desarrollado con éxito.
>
> Por eso, en esta hora tan crucial, les pido que se unan a mí en oración:
>
> Dios Todopoderoso: Nuestros hijos, orgullo de nuestra nación, este día han emprendido un gran esfuerzo, una lucha para preservar nuestra república, nuestra religión y nuestra civilización, y para liberar a una humanidad que sufre.
>
> Guíalos con rectitud y valor; da fuerza a sus brazos, fortaleza a su corazón, firmeza a su fe.
>
> Necesitarán de tus bendiciones. Su camino será largo y duro. Porque el enemigo es fuerte. Puede que rechace

nuestras fuerzas. Puede que el éxito no llegue con una velocidad vertiginosa, pero volveremos una y otra vez; y sabemos que por tu gracia y por la justicia de nuestra causa, nuestros hijos triunfarán.

Serán puestos a prueba, de noche y de día, sin descanso, hasta que se obtenga la victoria. La oscuridad será rasgada por el ruido y las llamas. Las almas de los hombres serán sacudidas por las violencias de la guerra.[89]

El mar aún no se había calmado debido a la tormenta en curso cuando los barcos partieron hacia Francia, y el enorme oleaje del agua bajo sus pies revolvió los estómagos de muchos soldados mucho antes de llegar a tierra. Los tanques anfibios se hundieron en el camino, y cuando las tropas desembarcaron en la orilla opuesta, se encontraron inmediatamente con disparos. Mareados y desorientados, muchos de los soldados murieron antes de que lograran salir del agua. Otros resultaron heridos, o simplemente aterrorizados, optaron por flotar rígidamente y hacerse el muerto para evitar más disparos. Sus compañeros flotaban a su lado, moribundos o muertos en el mar.

La playa de Omaha fue el más mortífero de todos los puntos de entrada, con casi 3.000 estadounidenses muertos o heridos allí el primer día del ataque.[90] Las tropas estadounidenses pudieron asegurar una cabeza de playa en cuanto los buques de guerra que los apoyaban atacaron a los artilleros enemigos en los acantilados, pudiendo así presionar tierra adentro hacia Colleville-sur-Mer. Otra división de tropas estadounidenses aterrizó en Utah Beach con poca resistencia enemiga, y estos también lograron avanzar tierra adentro. Las tropas británicas y canadienses en las playas restantes avanzaron varios kilómetros tierra adentro antes de enfrentarse a la 21ª División Panzer alemana.

---

[89] "D-Day 75th". *AJC*. Web. 2019.

[90] Kagan, Neil, and Stephen Hyslop. "History Magazine 'Top Secret' maps reveal the massive Allied effort behind D-Day". *History Magazine*. Web. 2019.

No fue hasta esa noche que Erwin Rommel, a cargo de la defensa militar alemana de Normandía, regresó a la costa y se dio cuenta de lo que había sucedido durante el día. Creyendo que los aliados esperarían más tiempo antes de arriesgarse a lanzar el inmenso ataque, Rommel había planeado atraparlos en el mar. En cambio, ahora se enfrentaba a 160.000 tropas aliadas cuyo deber era liberar el país para que Francia pudiera volver a luchar junto a ellos.[91] El Día D fue un éxito rotundo, aunque fue una lucha excepcionalmente dura.

El día D + 1 (un día después del inicio de la campaña), los aliados necesitaban asegurar un puerto para abastecer a sus divisiones con alimentos, maquinaria, armas y más soldados. Sabiendo que este sería su próximo paso y esperando que los Aliados intentaran tomar una ciudad portuaria cercana existente, las fuerzas alemanas se reunieron en Calais. Sin embargo, la Operación Overlord no fue diseñada para tomar un puerto inmediatamente después de desembarcar en la playa. En cambio, las tropas británicas, estadounidenses y canadienses trajeron piezas prefabricadas de Gran Bretaña para construir sus propios puertos artificiales en Normandía. Aunque uno de estos puertos fue rápidamente destruido por una nueva tormenta, un segundo puerto ayudó a los aliados a aumentar sus efectivos a más de un millón en julio.[92]

La segunda campaña, denominada Operación Dragoon, se llevó a cabo según lo previsto el 15 de agosto en la costa mediterránea francesa. Con Francia ahora inundada de soldados Aliados, la esperanza de liberación comenzó a reavivarse entre los ciudadanos franceses y los grupos de resistencia. La milicia francesa armada comenzó a liberar el París ocupado por los alemanes incluso antes de que llegaran las tropas Aliadas dos semanas después. Con Francia en recuperación, los Aliados se trasladaron a los Países Bajos, Bélgica y

---

[91] Kagan, Neil, and Stephen Hyslop. "History Magazine 'Top Secret' maps reveal the massive Allied effort behind D-Day". *History Magazine*. Web. 2019.

[92] Ibid.

Luxemburgo, mientras que el Ejército Rojo soviético invadió Prusia Oriental y se trasladó a Alemania desde el este. Finalmente, los aliados habían logrado encerrar a Hitler en su propio país entre dos poderosos frentes. Sin embargo, avanzar hasta Alemania desde el oeste no fue una tarea sencilla.

El avance del frente occidental se estancó en el Muro Occidental a lo largo de la frontera entre Alemania y Francia. Su contingente se había quedado sin suministros y había llegado a un punto muerto con las fuerzas de Hitler. Lanzando una contraofensiva desesperada contra las fuerzas de Estados Unidos, Francia, Gran Bretaña y la Commonwealth en el oeste, Hitler movilizó sus tropas en una operación que se acabaría conociendo como la batalla de las Ardenas.

La batalla de las Ardenas fue el penúltimo gran enfrentamiento de toda la guerra y tuvo lugar en el bosque de las Ardenas, en el sur de Bélgica. Durante seis feroces y sangrientas semanas, el ejército de Hitler luchó contra las fuerzas reunidas de las potencias aliadas en el helado paisaje invernal del bosque de las Ardenas. Las condiciones eran tan duras e implacables que incluso los ciudadanos de los países Aliados anteriormente animados se preguntaban si habían comenzado a celebrar demasiado pronto. Para aumentar el caos, las tropas alemanas vestidas como soldados estadounidenses se lanzaron en paracaídas detrás de las líneas, hablando inglés y difundiendo información falsa. Los espías alemanes cambiaron las señales de tráfico y utilizaron la jerga estadounidense que habían aprendido de los prisioneros de guerra estadounidenses en los campos alemanes. Una vez que los líderes de la división estadounidense se dieron cuenta de lo que estaba sucediendo, establecieron controles de identidad frecuentes para los soldados en circulación. Las comprobaciones implicaron varias pruebas, desde nombrar las capitales de Estados Unidos hasta describir correctamente las reglas de una determinada jugada de fútbol americano. Finalmente, el día de Navidad de 1944, la exhausta 101 División Aerotransportada de los EE. UU. se reunió con el grueso del ejército en las Ardenas y volvió a cambiar el rumbo de la batalla a su favor.[93] Era exactamente la motivación y la potencia de fuego que los aliados necesitaban para reanudar la lucha y así salir de la trampa alemana que los había rodeado.

Siempre que tenían un rato libre, los soldados aliados pedían a gritos su correo y escribían cartas para enviarlas a casa. El soldado de infantería Burnett Miller tuvo la oportunidad de escribir a su familia en la navidad de 1944 para hacerles saber que estaba bien y que pensaba mucho en ellos durante aquellos días:

24 de diciembre de 1944

Querida mamá,

Es la noche antes de Navidad, pero cuesta mucho darse cuenta de ello. Simplemente me saltaré este año y celebraremos el doble el año que viene. Nos instalamos en un buen edificio anoche. Y puede que esta noche también. Es curioso lo que puede significar un edificio. Este es el primero en el que hemos estado desde nuestra llegada al continente. La mayoría de la gente aquí parece estar muy contenta de vernos. Nos tiran fruta. No creo que nos la estén arrojando. Y saludamos muy felices. Espero que tú, papá y la abuela tengáis unas felices fiestas y que no te preocupes demasiado por mí. Realmente estoy bastante bien. E incluso disfrutando mucho de mi pequeño viaje hasta ahora.

Os quiere,

Burnett[94]

La lucha continuó desde el 16 de diciembre de 1944 hasta el 25 de enero de 1945, cuando los aliados reclamaron la victoria y avanzaron hasta Berlín.[95]

---

[93] "Battle of the Bulge". *History*. Web.

[94] "Communication". *National Archives*. Extraído de PBS Online. Web.

[95] "Battle of the Bulge". *History*. Web.

Capítulo Dieciséis – Muere el Presidente Roosvelt

El 12 de abril de 1945, el presidente Franklin Roosevelt murió inesperadamente. Había contraído una enfermedad, presumiblemente polio, a principios de la década de 1920. Al final de su vida estaba confinado en una silla de ruedas, pero, aun así, el presidente no daba signos de estar enfermo en los días previos a su muerte. Sucedió mientras estaba posaba para su retrato pintado por la artista Elizabeth Shoumatoff en la sala de su domicilio personal, apodado la Pequeña Casa Blanca, en Warm Springs, Georgia.

Mientras se realizaba la pintura, Roosevelt se sentó cómodamente con su perro, Fala, y dos de sus primos. Lucy Mercer, su amante, también estuvo presente ese día. A media tarde, Roosevelt se sintió repentinamente abrumado por lo que dijo que era un terrible dolor en la parte posterior de la cabeza. Inmediatamente, perdió el conocimiento y se desplomó en su asiento. Llamaron a un médico y, reconociendo los síntomas de una hemorragia cerebral, administró una inyección de adrenalina al corazón del presidente. No logró despertarlo.

Lucy Mercer se fue poco después, al igual que Elizabeth Shoumatoff, ambas sabiendo que la familia del presidente desearía estar a solas con él y los médicos. Otro médico presente en la sala llamó a la Primera Dama Eleanor Roosevelt y la instó a que viniera rápidamente desde Washington, D.C. Ella le dijo al médico que planeaba viajar a Georgia esa noche después de dar una charla en un evento. Sin embargo, sería demasiado tarde para volver a ver a su marido con vida. Los médicos de Warm Springs declararon muerto al presidente a las 15:30, y Eleanor fue convocada en la Casa Blanca para comunicarle la noticia antes de partir hacia Georgia.[96]

Poco después de que Eleanor se enterara de lo sucedido, Anna, la hija de Eleanor y Franklin, llegó y fue informada. Eleanor llamó a sus cuatro hijos, todos los cuales estaban en servicio militar activo en ese momento. Ella y Anna se vistieron de luto y, por la noche, Eleanor se reunió con el vicepresidente Harry Truman. Truman, que aún no era conocedor de la noticia, fue informado en voz baja por la propia Eleanor.

Después de la muerte del presidente, Truman juró como nuevo presidente de los Estados Unidos, pero tenía mucho que aprender sobre lo que su predecesor había estado haciendo en secreto. También lo hizo Eleanor Roosevelt, quien se enteró de la relación extramarital de su marido después de su muerte. Sin embargo, trabajó con esmero en los preparativos del funeral e hizo que transportaran el cuerpo de su esposo en un tren a baja velocidad desde Warm Springs a Washington D.C. Miles de ciudadanos estadounidenses salieron para ver el tren y decir adiós antes de que Franklin Roosevelt fuera enterrado en su casa familiar en Hyde Park, Nueva York.

El día después de la muerte de Roosevelt, el *New York Times* declaró: "El presidente Roosevelt ha muerto; Truman continuará con las mismas políticas". Era el peor momento posible para cualquier cambio político, como se podía ver fácilmente en un titular adjunto en

---

[96] "FDR Dies". *History.* Web.

ese mismo periódico: "Estados Unidos y los ejércitos rojos se dirigen al encuentro". Los soviéticos se estaban acercando a Berlín desde el este, los estadounidenses desde el oeste, y el más mínimo paso en falso podría haber evitado la caída de la capital de Hitler.

En el momento de la muerte de Roosevelt, Truman solo había sido vicepresidente durante tres meses y estaba muy poco informado sobre el Proyecto Manhattan o la reunión entre Roosevelt y Churchill. De repente, el presidente Truman se encontró enfrentando la culminación de la guerra en Europa y la guerra aún en marcha con Japón. Como informaron los periódicos, Truman prometió continuar con los planes de su predecesor. El gabinete siguió siendo el mismo, y Truman no consideró adecuado interferir con las tácticas militares actuales acordadas entre Roosevelt y sus generales. Para los enemigos alemanes de Truman, la guerra casi había terminado.

Una vez que los Aliados cambiaron el rumbo de la guerra y tomaron el control en la mayoría de los países ocupados, la batalla de Berlín se desató en la capital alemana, donde el propio Adolf Hitler aguardaba para ofrecer su última resistencia. El Ejército Rojo soviético se encontraba a solo sesenta kilómetros al este de la ciudad, reagrupando sus fuerzas tras la captura de Polonia.[97] Mientras esperaba que los rojos atacaran, Berlín preparó sus defensas y designó a un nuevo comandante del ejército, Gotthard Heinrici, para dirigir el Grupo de Ejércitos Vístula, cuyas filas eran una agrupación de otros regimientos del ejército. El único propósito de Heinrici y el Vístula era proteger a Berlín a toda costa de caer bajo el control de los Aliados.

Los soviéticos marcharon hacia su objetivo el 16 de abril, rodeando Berlín en los lados norte, este y sur.[98] Para el día 20, coincidiendo con el quincuagésimo sexto cumpleaños de Hitler, el

---

[97] "The Allied Push to Berlin". *Lumen Learning*. Web.

[98] Ibid.

1er Frente Bielorruso había penetrado en el centro de la ciudad.[99] Simultáneamente, el 1er Frente Ucraniano presionó contra el lado sur de Berlín. Diez días más tarde, con los Aliados en su mayor parte controlando Berlín, Hitler se suicidó con un disparo en la cabeza. Su esposa, Eva Braun, se quitó la vida con cianuro. Aun así, los nazis se negaron a ceder su posición y continuaron luchando durante dos días más antes de que la guarnición de la ciudad se rindiera oficialmente. Incluso entonces, muchos de los regimientos de Berlín siguieron luchando en los sectores occidentales de la ciudad.

En ese punto, la mayoría de los campos de concentración nazis ya habían sido liberados, incluidos Bergen-Belsen y Dachau, a principios de abril. Los paisajes que presenciaron los libertadores aliados no tenían precedentes y eran inquietantes: en Auschwitz, el ejército soviético encontró 14.000 libras de cabello humano, un millón de trajes de hombres y mujeres y acres de personas muertas y moribundas.[100] Cuando los alemanes se retiraron, quemaron muchos de los campos tras ellos y trasladaron a miles de prisioneros supervivientes cada vez más al oeste. Finalmente, el 7 de mayo, los soviéticos liberaron el último campo de Theresienstadt.[101]

Probablemente fue un gran alivio cuando, el 7 de mayo de 1945, el presidente de los Estados Unidos durante veinticinco días recibió la noticia de que Alemania se había rendido a las fuerzas estadounidenses en Berlín.[102] Al día siguiente Truman cumplía 61 años. Escribió a su familia, notificándoles la noticia, antes de hacer su anuncio formal al pueblo estadounidense. En entrevistas realizadas más tarde ese día con la prensa, Truman dedicó la victoria a Franklin D. Roosevelt, a quien creía que el honor realmente pertenecía.

---

[99] Ibid.

[100] "Liberation of Nazi Camps". *Holocaust Encyclopedia*. Web.

[101] Ibid.

[102] "Germany Surrenders Unconditionally". *History*. Web. 2009.

Dirigiéndose al público, Truman dijo lo siguiente:

> Esta no es solo una hora solemne, sino gloriosa. El general Eisenhower me ha informado de que las fuerzas alemanas se han rendido a las Naciones Unidas. Las banderas de la victoria ondean sobre toda Europa. Por esta victoria damos de todo corazón las gracias a la Providencia, que nos ha guiado y sostenido en los tenebrosos días de la adversidad. Solo quisiera que Franklin D. Roosevelt hubiera vivido para ser testigo de este día.[103]

La declaración del fin de la guerra en Europa se retransmitió por radio a última hora del día a los oyentes de Gran Bretaña. La emisora interrumpió la programación habitual para hacer el anuncio y también declarar un día festivo nacional, el Día de la Victoria en Europa, que se celebraría al día siguiente. La noticia se difundió rápidamente por todo el mundo y el Día de la Victoria en Europa, o Día V-E, se celebró en Europa occidental, Estados Unidos, Gran Bretaña, Australia y Canadá el 8 de mayo, o el 9 de mayo en la Unión Soviética y Nueva Zelanda.[104]

Tras los anuncios de la British Broadcasting Company (BBC), decenas de miles de personas llenas de júbilo salieron a las calles de Londres, celebrando hasta que fueron empapados por fuertes lluvias alrededor de la medianoche. En el día oficial del Día de la Victoria al día siguiente, las celebraciones continuaron con tanta festividad como los anfitriones pudieron, dado el escaso racionamiento de alimentos y materiales al que habían estado sometidos durante la guerra. Para hacer que la feliz ocasión fuese más festiva, el gobierno británico declaró: "Se permitirán hogueras, pero el gobierno confía en que solo se utilizará material sin valor de uso".[105] La Junta de Comercio también

---

[103] Grier, Peter. "V-E Day". *The Christian Science Monitor*. Web. 2015

[104] Swick, Gerald D. "V-E Day 1945". *Military Times*. Web.

[105] Ibid.

lo intentó, declarando: "Hasta finales de mayo, puede comprar banderines de algodón sin cupones, siempre que sea rojo, blanco o azul [para que coincida con la Union Jack] y no cueste más de un chelín y tres peniques el metro cuadrado".[106]

En Canadá, los soldados que regresaban y sus amigos y familiares celebraron el fin de las intensas dificultades que supuso apoyar a Gran Bretaña durante la guerra. Se estima que un millón de canadienses sirvieron en el ejército entre 1939 y 1945, y habiendo tenido éxito en varias batallas importantes durante ese tiempo, Canadá se había ganado una buena reputación entre sus aliados. Canadá era el cuarto mayor proveedor de suministros de guerra a los aliados, y había enviado casi una décima parte de su población a luchar contra los nazis. Para celebrar su éxito y la supervivencia de su nación fundadora, los canadienses se reunieron en Toronto para una fiesta multitudinaria, donde los bombarderos Mosquito que regresaban del frente arrojaron cinta de teletipo sobre las cabezas de los ciudadanos.

En Australia, sin embargo, las celebraciones fueron breves. El *Sydney Morning Herald* preguntó: "¿Desde cuándo es costumbre celebrar la victoria en mitad de una competición?".[107] Australia y Nueva Zelanda, ambos Aliados y antiguas colonias británicas, aún estaban bajo amenaza directa de los japoneses dada su ubicación en el sur del océano Pacífico. Aunque estos países habían enviado tropas para ayudar en Europa, también habían estado comprometidos en la defensa de sus propios países. Fue durante la Segunda Guerra Mundial cuando el continente australiano fue atacado por primera vez en la historia, con aviadores japoneses bombardeando el norte de Australia y mini submarinos lanzando un ataque al puerto de Sydney. Para 1945, Australia había perdido 39.000 soldados y otros 30.000 habían sido hechos prisioneros.[108]

---

[106] Ibid.

[107] Ibid.

[108] "Australians in WWII". *AWM London.* Web. 2019.

Para aquellos que habían estado viviendo en una Europa devastada por la guerra, el Día de la Victoria se sintió como el final de cinco años de lucha; por supuesto, para Estados Unidos, Australia y Nueva Zelanda, la victoria completa aún no se había logrado. Cuando el presidente de Estados Unidos, Roosevelt, accedió a entrar en la guerra como aliado en 1941, su administración acordó centrarse primero en Europa antes de pasar a los campos de batalla asiáticos. Con Europa oficialmente despejada y Hitler muerto, era hora de un movimiento masivo de soldados y suministros a China, Birmania, Corea y Japón. El Día de la Victoria fue un hito enorme y un motivador para todos los que habían luchado, pero Japón aún no estaba vencido. Los Aliados celebraron, algunos solo por un día, y luego se vieron obligados a volver a las etapas de planificación de otra campaña militar, esta vez con Japón en la mira.

De hecho, esta campaña ya estaba en marcha desde hacía algunos meses, comenzando en las islas que rodean el continente japonés. Se agradeció enormemente el respaldo de las tropas que ya no eran necesarias en Europa, ya que Japón resultó ser un enemigo particularmente feroz.

Capítulo Diecisiete – El B-29 Superfortress

El presidente Truman no dejó que su gente olvidara que el trabajo estaba todavía a medio hacer. Con Europa bajo control, el ejército de los EE. UU. centró su atención en el teatro de operaciones del Pacífico y desplegó miles de unidades de su nuevo avión: el B-29 Superfortress.

Una de las contribuciones más importantes que hizo Estados Unidos al esfuerzo bélico de los Aliados, incluso antes de enviar millones de soldados al extranjero, fue la fabricación de aviones y armas. En 1940, la compañía Boeing había presentado su diseño para el bombardero B-29 al ejército de los EE. UU. anticipándose a las necesidades de la actual guerra mundial.[109] Aunque el nuevo avión estaba destinado originalmente para su uso contra la Alemania nazi, los problemas de diseño y los retrasos en la producción impidieron que Boeing lo completara a tiempo para unirse al ataque británico a la Luftwaffe alemana. Los primeros B-29 se produjeron a mediados de 1943, y los comandantes aliados los solicitaron rápidamente en cada teatro de operaciones.

---

[109] "B-29 Superfortress". *Boeing*. Web.

La cuidadosa planificación y diseño de Boeing dio como resultado uno de los aviones más avanzados del mundo. Aunque los primeros aviones de este tipo se construyeron antes de que se realizaran las pruebas completas, el ejército creó varios centros de modificación para realizar los ajustes finales en los aviones antes de ponerlos en funcionamiento. El B-29 tenía dos cabinas de tripulación, a proa y a popa, que estaban presurizadas y conectadas por un largo pasillo para que los miembros de la tripulación pudieran arrastrarse entre ellas. Una tercera cabina presurizada albergaba al artillero de cola. Los cañones del avión podían dispararse por control remoto y, en comparación con otros aviones de guerra, contaba con un mayor alcance de impacto y una mayor capacidad de bombas. Boeing construyó un total de 2.766 B-29 en sus plantas de Wichita, Kansas y Renton, Washington. Casi 700 más fueron fabricados por Bell Aircraft Company en Georgia, y 536 fueron producidos por Glenn L. Martin Company en Nebraska.[110]

La mayoría de los generales estadounidenses estaban ansiosos por tener en sus manos los nuevos bombarderos, pero probablemente nadie lo estaba más que el teniente general George C. Kenney. Kenney era el comandante aéreo en el área de operaciones del Pacífico suroeste bajo el mando del general Douglas MacArthur, y había recibido poco equipo de alta gama durante el asalto a Europa. Ahora que se había logrado la victoria contra Hitler, Kenney insistió en que sus regimientos recibieran algunos de los nuevos B-29 que él mismo había contribuido a desarrollar. Planeaba usarlos primero desde una base en Australia antes de pasar a la base filipina para atacar Japón. Otros, como el general Henry H. Arnold, querían crear una unidad de mando en Washington, D.C.

La decisión finalmente quedó en manos del presidente Roosevelt, cuyo deseo personal era comenzar el bombardeo de Japón lo antes posible. Roosevelt consideró varias ubicaciones posibles como base,

---

[110] Ibid.

incluidas Siberia, China y las Islas Marianas. Desafortunadamente, Siberia estaba fuera de los límites a pesar de la alianza de la Unión Soviética con Estados Unidos, ya que Joseph Stalin se había comprometido a permanecer neutral con el vecino Japón. Al final, eligió Tinian, una isla cerca de las Marianas. Además, se enviaron aviones a Marietta, Georgia, para la formación de pilotos. Otros fueron enviados a India, donde sirvieron como puente aéreo entre varias bases y rutas de suministro.

Estados Unidos intentó engañar a Japón para que pensara que los B-29 no eran una amenaza directa para ellos. El primer B-29 destinado en India se detuvo primero en Inglaterra, donde se exhibió públicamente como una nueva arma en la guerra contra Alemania. Cuando finalmente llegaron varios aviones a la India a partir de marzo de 1944, la inteligencia estadounidense difundió información errónea de que los bombarderos habían fallado en su diseño original y solo eran útiles como naves de transporte.[111] De hecho, esos aviones tenían la tarea de realizar misiones de transporte de suministros entre Calcuta y Chengtu, pero en el marco del "Proyecto Matterhorn", el ala de bombarderos de la 58ª división aérea estaba estacionada allí esperando órdenes para misiones de bombardeo.[112]

Las primeras misiones del Pryecto Matterhorn debían comenzar en junio, pero varias semanas antes, los planes cambiaron cuando Japón comenzó a realizar ataques en China nuevamente. Todos los B-29 en India se pusieron a trabajar para transportar suministros a China, y sus misiones originales fueron olvidadas por el momento. Planificada para mediados de mayo, la primera misión del B-29 consistió en atacar las instalaciones ferroviarias de Makashan en Bangkok, Tailandia.

---

[111] Warfare History Network. "B-29 Superfortress: The plane that bombed Japan into submission". *The National Interest.* Web. 2018.

[112] Ibid.

Con China completamente abastecida a principios de junio, la misión original se retomó el 5 de junio. Había 112 B-29 asignados a la misión, así como numerosos B-24, pero el mal tiempo provocó el caos cuando llegó el momento de despegar.[113] Las nubes bajas y la poca visibilidad no solo ponían en peligro a los aviones una vez que estaban en el aire, sino que también causaba que algunas tripulaciones no fueran capaces de montar su equipo correctamente de antemano. Solo noventa y ocho B-29 lograron despegar, y uno de ellos se estrelló inmediatamente después de hacerlo. Todo el escuadrón de B-24 canceló la misión, al igual que los catorce B-29 Superfortress restantes.

Entre los aviones que lograron despegar y llegar a Bangkok, hubo falta de organización y planificación. Los bombarderos sobrevolaron la ciudad durante una hora y media, haciendo conjeturas no coordinadas sobre dónde atacar y desde qué altitud. En el camino de regreso a su base, cuatro aviones se perdieron en el monzón que se acercaba y un quinto se estrelló al aterrizar. Docenas de pilotos se vieron obligados a aterrizar en China, y las imágenes de evaluación del ataque a las instalaciones ferroviarias de Bangkok mostraron relativamente pocos daños en el objetivo. Diecisiete miembros de la tripulación murieron durante la misión.[114]

A pesar de sus complicados inicios, las misiones B-29 Superfortress finalmente habían comenzado, y pronto hubo flotas de B-29 trabajando en la costa de Japón en una campaña para destruir sus plantas industriales y de fabricación, así como su infraestructura. Los aviones tenían un papel importante que desempeñar en el próximo bombardeo del Japón continental, así como en el objetivo y la ocupación de islas japonesas clave.

---

[113] Ibid.

[114] Ibid.

Capítulo Ocho – Iwo Jima y Okinawa

El ejército japonés tenía una importante base aérea en el mar de Filipinas en la isla de Iwo Jima, que se convirtió en el primer objetivo importante de los Aliados en el este. Las divisiones estadounidenses serían las encargadas de realizar el ataque, mientras que otras naciones Aliadas se concentrarían en objetivos cercanos. Sin embargo, sin el conocimiento de los líderes estadounidenses y Aliados, los japoneses ya habían preparado la defensa de la isla de Iwo Jima con una serie de túneles subterráneos. El ataque estaba programado para el 19 de febrero de 1945. Lo que nadie había previsto era que el asalto durase cinco semanas. Las tropas japonesas se escondieron en los túneles y fortificaciones que habían construido bajo tierra, lo que frenaba enormemente el avance estadounidense. La batalla acabó resultando en una serie de aterradores y sangrientos combates a corta distancia que los estadounidenses y sus camaradas temían que fueran aún peores en territorio del Japón continental.

Los túneles fueron ideados por el general japonés Tadamichi Kuribayashi, el comandante de Iwo Jima. Sabiendo que su capacidad para luchar contra una invasión terrestre estadounidense no sería suficiente, Kuribayashi decidió colocar a la mayor parte de su ejército en búnkeres subterráneos en el lado norte de la isla unidos por kilómetros de túneles. A través de los túneles, las fuerzas podrían maniobrar a lo largo de una serie de baterías fijas y retirarse fácilmente si eran atacados. Para mantener a salvo a los artilleros, se apostaron tropas con sus armas apuntando hacia las playas sobre las que los aliados iban a desembarcar. El general tenía la esperanza de que un sistema defensivo tan bien diseñado e impredecible disuadiera a los aliados de lanzar un asalto a la isla principal de Japón.

Las defensas japonesas fueron sorprendentemente efectivas y desconcertantes al principio, pero los marines estadounidenses estaban decididos a dar su merecido a aquel enemigo que los había cogido tan brutalmente desprevenidos en Pearl Harbor cuatro años antes. Apretaron los dientes y siguieron adelante, no dando ni un paso atrás a pesar de los miles que estaban cayendo en la refriega. A medida que pasaban las semanas, los invasores notaban un fuego menos denso proveniente de las tierras altas y menor frecuencia de ataques con artillería. Pero, aunque hubiera menos balas, el terreno se volvía más difícil y obstinado. Marchando a través de estrechas gargantas que se retorcían inesperadamente, las fuerzas aliadas se abrieron paso a través de paisajes nublados por humos sulfúricos y napalm. La mejor arma que tenían era el lanzallamas, varios de los cuales estaban montados en los tanques de la división.

Las fuerzas terrestres usaron 38.000 litros de combustible espesado con napalm cada día, abriéndose camino a través de las incesantes dificultades ocultas en la niebla. Mediante el uso del lanzallamas, las tropas estadounidenses pudieron expulsar a los soldados japoneses atrincherados, aterrorizados de morir quemados dentro de sus cuevas y túneles. A pesar de una eventual falta de artillería pesada y suministros, los japoneses no se rindieron. El 23 de febrero, las fuerzas estadounidenses coronaron el monte Suribachi y colocaron una bandera estadounidense en su punto más alto, conmemorando así la victoria que tanto esfuerzo les había costado ganar.[115] En total,

---

[115] Ibid.

6.821 soldados estadounidenses murieron durante la batalla de Iwo Jima y 19.217 resultaron heridos.[116] Una gran mayoría de la guarnición japonesa de 20.000 hombres también murió, y solo unos pocos cientos quedaron vivos para ser capturados.[117]

Uno de los pocos supervivientes, Shuichi Yamaguchi, relató la batalla de Iwo Jima como "una batalla desigual".[118] Después de semanas de esconderse en los túneles bajo la superficie de la isla, Yamaguchi había visto morir a la mayoría de sus compañeros y amigos, mas ninguno se había rendido sin lucha. "Japón no tenía nada, ni municiones, ni suministros, no pudimos contraatacar con eficacia. Fue un infierno para nosotros. Había soldados japoneses muertos por todas partes, sus cuerpos estaban infestados de gusanos y piojos. No sé si los estadounidenses retiraban sus muertos o no, pero nunca vi a un estadounidense muerto. Me capturaron porque salí del túnel para traer agua a los soldados que estaban muriendo".

Sin embargo, Iwo Jima no fue el final del camino para el ejército estadounidense; todavía había una parada más en la ruta hacia el Japón continental, y esa era la isla de Okinawa. Poco más de un mes después de que los marines estadounidenses finalmente tomaran Iwo Jima, otra unidad avanzó sobre Okinawa, unos 1.365 kilómetros más cerca de la isla principal de Japón. El 1 de abril 60.000 estadounidenses del Décimo Ejército de Estados Unidos comenzaron la invasión.[119] Una vez más, se encontraron con un fuerte sistema de defensa que requería que los marines atacaran por tierra, mar y aire simultáneamente. Los combates fueron feroces en la región sur de la isla, y las fuertes lluvias y el terreno accidentado empeoraron las

---

[116] "Iwo Jima and Okinawa". *The National WWII Museum New Orleans*. Web. 2017.

[117] Ibid.

[118] "Iwo Jima: US, Japanese veterans recall horror of pivotal World War II battle, 70 years on". *ABC News*. 2015.

[119] Ibid.

cosas. La lucha se prolongó durante tres largos meses. Al igual que en Iwo Jima, la intensidad de la batalla y la eficacia sin precedentes de la organización defensiva de Okinawa elevaron las expectativas de los Aliados sobre lo que les esperaba en el continente.

Los marines estadounidenses lograron tomar el control del norte de Okinawa el 18 de abril, pero las defensas japonesas en el sur eran insuperables. Las fuerzas locales establecieron su base en el castillo de Shuri, un palacio histórico del siglo XV situado en la ciudad capital de Naha. Incrustado en el paisaje escarpado de la isla, el castillo era prácticamente impenetrable, y era también el lugar perfecto desde el que lanzar contraataques. En este momento, Japón reveló un método de defensa insólito: el *kamikaze*, soldados que deliberadamente estrellaban sus aviones contra los barcos enemigos sabiendo que, al eliminar al enemigo, perderían la vida.[120]

Los ataques suicidas habían comenzado tan pronto como llegaron las tropas estadounidenses, con hasta 355 aviones kamikaze impactando contra la armada aliada en alta mar durante la primera semana del enfrentamiento. En junio, Japón había lanzado casi 2.000 ataques suicidas, incluidos algunos llevados a cabo por bombas voladoras Ohka a reacción tripuladas. Estas tácticas hundieron veintiséis barcos y dañaron otros 164.[121] Durante la última ofensiva en junio, el comandante del ejército estadounidense, el teniente general Simón Bolívar Buckner Jr., fue asesinado por un francotirador.[122] Sin embargo, sus tropas obtuvieron la victoria con la toma del castillo de Shuri y el cercano aeródromo de Naha. El 22 de junio la batalla había terminado.[123]

---

[120] "Kamikaze, military tactic". *Encyclopaedia Britannica.* Web.

[121] Ibid.

[122] Ibid.

[123] "The Gory Way Japanese Generals Ended Their Battle on Okinawa". *Time.* Web. 22 de junio, 2015.

La ocupación de la isla de Okinawa se cobró más de 12.000 vidas estadounidenses y decenas de miles más resultaron heridos.[124] En cuanto a Japón, el imperio perdió aproximadamente 90.000 soldados y potencialmente hasta 150.000 civiles.[125] En cuanto al teniente general Mitsuru Ushijima y el teniente general Isamu Cho, comandantes japoneses en Okinawa, el fin de la lucha no trajo consigo fuga ni encarcelamiento. En cambio, se arrodillaron sobre una manta y se apuñalaron en el estómago antes de que un asistente les cortara la cabeza con una espada. El general Cho escribió su propio epitafio para la posteridad: "Vigésimo segundo día, sexto mes, vigésimo año de la era Showa. Me marcho sin arrepentimiento, miedo, vergüenza u obligación. Edad en el día de mi partida 51 años".[126]

Los suicidios japoneses se convirtieron en algo común para los Aliados. James Fahey, miembro de la Armada de los EE. UU., mantuvo un diario secreto de sus experiencias durante la guerra, y un pasaje muestra otro suceso de suicidios por honor que tuvo lugar en el teatro del Pacífico:

> 10 de noviembre
>
> Esta tarde, mientras estábamos al sur de Bougainville ... nos encontramos con una balsa con cuatro japoneses vivos en ella ... Cuando el destructor Spence se acercaba a la balsa, los japoneses abrieron fuego con una ametralladora hacia el destructor. Luego, el oficial japonés puso el arma en la boca de cada hombre y disparó, reventando la parte posterior del cráneo de cada uno. Uno de los japoneses no quería morir por el emperador y se resistió. Los demás lo sujetaron. El oficial fue el último en morir. También se voló los sesos. El

---

[124] "Iwo Jima and Okinawa". *The National WWII Museum New Orleans*. Web. 2017.

[125] "Iwo Jima and Okinawa". *The National WWII Museum New Orleans*. Web. 2017.

[126] "The Gory Way Japanese Generals Ended Their Battle on Okinawa". *Time*. Web. 22 de junio, 2015.

Spence entró a investigar. Todos los cuerpos habían desaparecido en el agua. No quedaba nada más que sangre y una balsa vacía. Había enjambres de tiburones por todas partes. Los tiburones comieron bien hoy ... Regresamos a los puestos de batalla ... y a las 10 de la noche fuimos atacados por aviones enemigos ... Más tarde descendió la oscuridad y llegaron las lluvias.[127]

Como regla general, a los soldados no se les permitía documentar su tiempo en el ejército ni contar a sus familias ningún detalle sobre las campañas y misiones de las que formaban parte. Las cartas estaban destinadas a ser personales y edificantes, no indicativas de los horrores de la guerra. Sin embargo, tras la captura de Iwo Jima y Okinawa, las historias de los ataques suicidas japoneses y los asesinatos por honor se extendieron por todo Estados Unidos.

---

[127] "Communication". *National Archives.* Retrieved from PBS.org. Web.

Capítulo Diecinueve – El Bombardeo de Japón

Con Okinawa e Iwo Jima en manos de los Aliados, ya era posible poner en marcha un plan de invasión viable. Hasta ahora, las defensas japonesas habían demostrado ser devastadoramente difíciles de superar, pero no imposibles. Los aliados sabían que tenían que seguir adelante con un ataque continental o arriesgarse a perder sus progresos. La Marina Real Británica, la Marina de los Estados Unidos y la Marina Real de Nueva Zelanda se unieron para atacar los centros militares e industriales de Japón. Esperaban atraer a la fuerza aérea de Japón a la batalla y reducir su número, pero los aviones del imperio no entraron en la refriega.

La parte principal de la campaña comenzó el 14 de julio cuando la Tercera Flota de la Armada de los Estados Unidos atacó la ciudad de Kamaishi. La flota estaba bajo el mando del almirante William Halsey, avanzando desde el golfo de Leyte en Filipinas para atacar las islas de origen japonesas. Halsey tenía la intención de bombardear objetivos específicos con sus acorazados y cruceros, pero primero, la flota navegó cerca del continente para detectar minas navales. El reconocimiento fotográfico fue realizado por los aviones USAAF B-

29 Superfortress y B-24 Liberator, el último de los cuales recopiló datos sobre posibles objetivos.

Unos días antes del ataque principal, la Task Force 38 comenzó a bombardear varios objetivos bajo el mando del vicealmirante John S. McCain. Los aviones de los portaaviones de la flota comenzaron a lanzar bombas sobre Hokkaido, la isla más septentrional de Japón, y la parte norte de la isla más grande, Honshu. Aunque la fuerza aérea esperaba entablar combate con aviones enemigos, solo se enviaron unos pocos aviones japoneses para defender los puertos del norte. Durante esas primeras incursiones, las fuerzas estadounidenses hundieron once buques de guerra y veinte buques mercantes, causando daños a otros veintinueve barcos.[128] Se estima que se derribaron veinticinco aviones japoneses.[129]

Los bombardeos en el norte de Japón continuaron hasta el 14 de julio cuando Kamaishi, una ciudad costera en Honshu, fue atacada por la armada aliada. Los bombarderos apuntaron la planta de fabricación de hierro situada allí, que estaba entre las más grandes de Japón a pesar de que estaba funcionando a la mitad de su capacidad debido a la escasez de material. En ese momento, los prisioneros de guerra aliados (PDG) estaban apostados allí como parte del programa de trabajo para prisioneros, información que los miembros de la Tercera Flota desconocían. Al menos veintisiete prisioneros de guerra aliados murieron durante el bombardeo de Kamaishi.[130] El asedio se desarrolló según lo planeado y no se enviaron fuerzas japonesas para defender la ciudad.

Esa noche, otro grupo de asalto fue enviado para atacar la ciudad de Muroran en la costa sureste de Hokkaido, donde la Compañía de

---

[128] Morison, Samuel Eliot. *Victory in the Pacific*.1960.

[129] Morison, Samuel Eliot. *Victory in the Pacific*.1960.

[130] Banham, Tony. *We Shall Suffer There: Hong Kong's Defenders Imprisoned, 1942-45*. 2009.

Acero de Japón y Wanishi Iron Works habían sido fijados como objetivos. Aunque las condiciones nubladas hicieron que no se consiguiera la destrucción completa, ambas instalaciones sufrieron daños suficientes como para provocar graves retrasos en la producción de coque y arrabio. El día 15, aviones aliados bombardearon a las tripulaciones navieras de Japón para evitar el movimiento de carbón y otros suministros entre las islas.

Habiéndose encargado de los centros industriales del norte, la Marina de los Estados Unidos se retiró y se unió a la Flota Británica del Pacífico para descansar y repostar. Dos días después, ambos se dirigieron hacia Tokio. Sin embargo, antes de llegar a la capital, se envió una fuerza para atacar la ciudad de Hitachi, a unos 130 kilómetros al noreste de Tokio. Los bombarderos aliados alcanzaron tres de los nueve objetivos industriales en Hitachi, afectando en cierta medida al sector industrial, pero dañando más gravemente el sector público de la ciudad. El efecto del ataque fue, por tanto, cercano a lo que se había pretendido, excepto por las bajas civiles.

El 18 de julio, las fuerzas aéreas aliadas bombardearon el área de Tokio mientras la Armada de los Estados Unidos concentraba sus esfuerzos en hundir el barco japonés Nagato.[131] Los intentos de atacar la estación de radar japonesa en Cabo Nojima no tuvieron éxito, pero los ataques aliados estaban comenzando a asustar seriamente a los civiles en todo Japón. La ciudad de Hamamatsu fue la siguiente, en la costa sur de Honshu. Los británicos y los estadounidenses tenían objetivos individuales, la Planta No. 1 y No. 2 de la Compañía de Instrumentos Musicales de Japón. Siendo un objetivo de bombardeo improbable en condiciones normales, las fábricas de instrumentos musicales se estaban usando para fabricar hélices de aviones. Ninguna escuadra pudo infligir mucho daño; sin embargo, las bombas tuvieron el efecto de asustar a los trabajadores de la industria y hacerles huir de sus puestos de trabajo, lo que seguía siendo un resultado bastante útil para los aliados. En el camino de regreso, las fuerzas de la Armada

---

[131] *Royal Navy. War with Japan: Volume VI The Advance to Japan. 1995.*

atacaron las fábricas del Ferrocarril del Gobierno Imperial. Como resultado, la fábrica cesó la producción durante unos tres meses.

Aunque la mayor parte del bombardeo se realizó a través de aviones y acorazados, los submarinos aliados también estuvieron presentes en el ataque a Japón. Dos submarinos, el USS *Barb* y el USS *Trutta*, descargaron un intenso fuego sobre objetivos japoneses en junio y julio de 1945. El 20 de junio, el USS *Barb* se trasladó al mar adyacente a las islas del norte de Japón bajo el mando del comandante Gene Fluckey. La nave llevaba un lanzacohetes de cinco pulgadas que aún no se había probado adecuadamente, pero estaba diseñado para ser utilizado en bombardeos costeros. Después de la medianoche del 22 de junio, la tripulación los utilizó en la comunidad de Shari en el noreste de Hokkaido. El submarino se movió después hacia el norte y, más de una semana después, bombardeó la ciudad de Kaiyo en el sureste de Sakhalin.

Un comando especial de ocho hombres del USS *Barb* fue enviado a tierra en la costa este de Sakhalin el 23 de julio para sabotear un tramo de la línea ferroviaria.[132] Colocaron explosivos en la vía para que, cuando poco después pasara el tren, se activaran las cargas y murieran 150 personas. Esas estadísticas incluyeron civiles. Al día siguiente, con toda su tripulación a bordo, el USS Barb disparó treinta y dos cohetes contra Shirutoru y doce cohetes contra Kashiho, Motodomari.[133] Chiri fue atacado al día siguiente y decenas de acorazados japoneses sucumbieron a los diversos ataques.

Aunque la campaña aérea y naval aliada causó un daño significativo al enemigo, no logró hacer salir a la fuerza aérea japonesa. Los estrategas creían que la administración imperial estaba reservando este valioso recurso hasta que hubiera enemigos dentro de

---

[132] Goldstein, Richard. "Eugene B. Fluckey, Daring Submarine Skipper, Dies at 93". *The New York Times*. 1 July 2007.

[133] Sturma, Michael. *Surface and Destroy: The Submarine Gun War in the Pacific*. 2011.

Japón. Sin embargo, ya no era una invasión terrestre lo que los Aliados tenían en mente para su próximo movimiento.

Capítulo Veinte – El Proyecto Manhattan

Estados Unidos había comenzado a financiar la investigación de armas atómicas en 1941 tras recibir una carta urgente del presidente Roosevelt advirtiendo que era probable que Alemania estuviera desarrollando una bomba atómica.[134] Esa oportuna carta había sido enviada nada menos que por los físicos nucleares expatriados de Alemania, Albert Einstein y Leo Szilard, residentes en Estados Unidos, que estaban muy preocupados por la posibilidad de que los fabricantes de bombas alemanes aprendieran los secretos de las armas atómicas antes que los Aliados.

El siguiente es un extracto de la carta de Einstein al presidente:

Señor:

> En el transcurso de los últimos cuatro meses se ha hecho probable gracias al trabajo de Joliot en Francia, así como de Fermi y Szilard en América, que podría ser posible establecer una reacción nuclear en cadena en una gran masa de uranio, mediante la cual se generarían grandes cantidades de energía y

---

[134] "The Manhattan Project". *Atomic Heritage Foundation*. Web. 2017.

grandes cantidades de nuevos elementos similares al radio. Ahora parece casi seguro que esto podría lograrse en un futuro inmediato.

Este nuevo fenómeno podría conducir también a la construcción de bombas, y es concebible - aunque con menor certeza - que puedan construirse bombas de un nuevo tipo extremadamente poderosas. Una sola bomba de ese tipo, llevada por un barco y explotada en un puerto, podría muy bien destruir el puerto por completo, así como el territorio que lo rodea. Sin embargo, tales bombas podrían ser demasiado pesadas para ser transportadas por aire.[135]

Einstein continuó aconsejando al presidente que formara de inmediato un grupo de trabajo para reforzar los estudios atómicos estadounidenses. También señaló que, aunque los Estados Unidos no tenían buenas fuentes de uranio, había algunas en Canadá que podrían ser útiles, y señaló también que Alemania había detenido las ventas de uranio de sus minas anexas en Checoslovaquia. Se suponía que la administración de Hitler había comenzado a utilizar el uranio para sí misma, estudiando y perfeccionando sus propios diseños para una bomba atómica.

Hasta finales del siglo XIX, el único uso práctico del uranio era la coloración del vidrio y la cerámica. Aplicado a los esmaltes, el mineral concedía un color amarillo verdoso a la cristalería decorativa y a la cerámica doméstica. En 1896, el científico francés Henri Becquerel se dio cuenta de que el uranio de su laboratorio tenía características extrañas cuando lo tocó con una placa fotográfica que produjo una fotografía distorsionada. Una de las alumnas de Becquerel, Marie Curie, se interesó mucho en el fenómeno y se dedicó a comprender mejor las propiedades del uranio, que describió como "radiactivo".[136] Marie y su esposo, Pierre, estudiaron toneladas de uranio e incluso

---

[135] "Einstein's letter to President Roosevelt". 1939. Retrieved from *Atomic Archive*. Web.

[136] History of Uranium". *Canadian Nuclear Association*. Web.

descubrieron otro elemento radiactivo dentro de algunas muestras, al que llamaron radio.

Los posteriores experimentos con uranio condujeron al primer caso documentado de fisión nuclear, en la cual se produce una reacción en cadena de degradación dentro del uranio, lo que hace que los núcleos de sus moléculas se dividan en múltiples partes. Esto fue logrado por Otto Hahn en Alemania en 1939.[137] En los Estados Unidos, un equipo de búsqueda dirigido por Enrico Fermi construyó el primer reactor nuclear en la Universidad de Chicago, aunque el proyecto se mantuvo en secreto para el público. El equipo de Fermi logró la primera reacción nuclear controlada documentada en 1942.[138] A las instalaciones de investigación estadounidenses como esta se les asignó la tarea de ponerse al día con Alemania en la carrera nuclear, la cual se acabó denominando Proyecto Manhattan.

Llamado así por la ubicación de sus oficinas originales, el Proyecto Manhattan fue dirigido por el general Leslie R. Groves. Groves, encargado de trabajar en el desarrollo de la bomba nuclear, llamó a ese plan el Distrito de Ingenieros de Manhattan. La agencia recibió su primer financiamiento gubernamental sustancial en diciembre de 1942 cuando el presidente Roosevelt asignó 500 millones de dólares al proyecto.[139] Con una generosa financiación, el Proyecto Manhattan pronto trasladó su sede a Washington, D.C., y abrió nuevos centros de desarrollo en todo Estados Unidos. El laboratorio de investigación de armas se trasladó a Los Álamos, Nuevo México, bajo el liderazgo del Dr. Robert Oppenheimer.

Oppenheimer orquestó la colaboración de miles de trabajadores, incluidos físicos, químicos, metalúrgicos, expertos en bombas y personal del ejército altamente capacitado. El ejército de los Estados

---

[137] Ibid.

[138] Ibid.

[139] Ibid.

Unidos estableció una estricta vigilancia en la ciudad mientras Oppenheimer trabajaba para construir físicamente la culminación de su trabajo: las bombas nucleares. La investigación del Proyecto Manhattan también contó con planos alternativos de bombas en docenas de otros centros en todo el país. A Monsanto Chemical Company se le encomendó la tarea de aislar y purificar el polonio radiactivo para utilizarlo como activador de las bombas en Dayton, Ohio. Los directores de proyectos trabajaron más allá de las fronteras con grupos de investigación canadienses en Quebec y Ontario, así como con grupos británicos al otro lado del Atlántico. Se estima que 600.000 personas colaboraron en el Proyecto Manhattan y, a medida que avanzaba la Segunda Guerra Mundial, se fue convirtiendo en un asunto prioritario para los gobiernos aliados.[140]

Cuando quedó claro que el proyecto cumpliría su objetivo de crear bombas nucleares funcionales para el ejército de los EE. UU., el gobierno formó un comité para estudiar en profundidad los beneficios e inconvenientes de su uso. El nuevo presidente Harry Truman acababa de enterarse de la existencia del Proyecto Manhattan después de la muerte de Roosevelt y tuvo que enfrentarse a la decisión de usar armas que ni siquiera había soñado que fueran posibles unos meses antes. Durante el tiempo en el que los generales del ejército estadounidense informaron a su nuevo presidente de la existencia de la bomba atómica y de su potencial uso a la hora de poner fin a la guerra en Asia, la curva de aprendizaje en la investigación se inclinó rápidamente.

El uso de armas nucleares sería una de las decisiones más importantes y devastadoras de la historia, y el presidente Truman no estaba en absoluto preparado para tomarla cuando recibió el encargo por primera vez. Se sumergió de lleno en la investigación y los proyectos secretos de Roosevelt y finalmente se preparó lo más rápido posible para manejar la situación que le había tocado. El

---

[140] Ibid.

secretario de guerra de Truman fue Henry L. Stimson, y fue Stimson quien creó el Comité Interino que acabaría recomendando usar las bombas en Japón. Pero antes, debían probarse adecuadamente.

La primera prueba con una bomba nuclear tuvo lugar el 16 de julio de 1945 en Trinity Site en Nuevo México. La bomba de prueba, con el nombre en código "Gadget", era una bomba de plutonio que parecía una bola gigante de más de dos metros de altura y diámetro, cubierta de cables. Explotó según estaba previsto con una fuerza de veinte kilotones. La nube en forma de hongo que produjo, la primera de su tipo, se elevó doce kilómetros en el aire sobre un cráter de tres metros de profundidad y 300 metros de diámetro.[141]

Esa primera explosión nuclear fue presenciada por muchos de sus creadores, incluidos Enrico Fermi y Robert Oppenheimer. Los científicos, ingenieros y autoridades del ejército se trasladaron a un campamento base situado a unos quince kilómetros del artefacto explosivo, ansiosos y nerviosos por ver la culminación de todo por lo que habían estado trabajando durante los últimos tres años. Cuando todo estuvo listo, detonaron la bomba de forma remota y vieron cómo Gadget explotaba tal y como se esperaba que hiciera.

Sobre aquel espectáculo, Robert Oppenheimer hizo la siguiente declaración:

> Y entonces tuvimos la sensación de que esta nube siniestra se cernía sobre nosotros. Era de un púrpura muy claro, con todo su brillo radiactivo. Y parecía quedarse allí para siempre. Pero por supuesto no lo hizo. Debió haber pasado muy poco tiempo hasta que se elevó. Fue aterrador. Y el trueno de la explosión. Rebotó en las rocas, y luego se fue, no sé dónde más rebotó. Pero nunca pareció detenerse.[142]

Veinte años después, Oppenheimer agregó a esa observación:

---

[141] Ibid.

[142] "Trinity Test Eyewitnesses". *Atomic Heritage Foundation*. Web.

Supimos que el mundo no volvería a ser el mismo. Algunas personas se rieron, otras lloraron, la mayoría guardó silencio. Recordé la frase de las escrituras hindúes, el Bhagavad-Gita. Vishnu está tratando de persuadir al príncipe de que debe cumplir con su deber y para impresionarlo toma su forma de brazos múltiples y dice: 'Ahora, me he convertido en la Muerte, el destructor de mundos'. Supongo que todos sentimos eso de un modo u otro.'[143]

Cuando Japón se negó a rendirse de acuerdo al plan de los Aliados, Truman consultó a sus asesores y decidió actuar como creía que era la intención de Roosevelt. Se ordenó lanzar la primera de dos bombas nucleares sobre un objetivo determinado en el Japón continental a principios de agosto de 1945.

---

[143] Ibid.

Capítulo Veintiuno – La Bomba de Hiroshima

No fue una decisión nada fácil la que tuvo que tomar el nuevo presidente de los Estados Unidos al ordenar usar bombas atómicas en el país enemigo. Muchos de sus propios consejeros se oponían con firmeza, pero otros tantos estaban a favor. El general Douglas MacArthur opinaba que Estados Unidos debía continuar bombardeando el territorio continental de Japón con bombas y torpedos tradicionales, seguido de una invasión terrestre masiva al estilo del Día D en Francia. La llamaron "Operación Downfall". Este procedimiento, advirtió el general a Truman, probablemente costaría a Estados Unidos alrededor de un millón de bajas.[144]

El presidente Truman estaba horrorizado ante esta perspectiva y trataba de encontrar desesperadamente alguna forma de evitar un número tan elevado de muertes entre su propia gente. A pesar de que el general MacArthur, el general Eisenhower, el secretario de guerra Henry Stimson e incluso muchos de los científicos principales del Proyecto Manhattan prefirieron no utilizar las bombas atómicas, Truman finalmente decidió desplegarlas con la creencia de que

---

[144] "Bombing of Hiroshima and Nagasaki". *History*. Web.

acabarían rápidamente con la guerra, salvando así un millón de vidas. Además, su secretario de Estado, James Byrnes, creía que un movimiento tan poderoso posicionaría a Estados Unidos como un claro líder mundial en los meses y años posteriores a la guerra.

El teniente coronel Paul Warfield Tibbets Jr. fue elegido para pilotar la primera misión nuclear del mundo. Pilotaba uno de los bombarderos especializados B-29, al que llamó Enola Gay en honor a su madre, y trabajó con una tripulación que había estado entrenando personalmente desde 1944. El Enola Gay estaba especialmente equipado para llevar la inmensa bomba de plutonio apodada "Little Boy".

El ejército estadounidense preparó dos bombas nucleares que fueron enviadas por piezas a la base militar estadounidense de Tinian, en las Islas Marianas. Tinian había sido asegurada por las fuerzas estadounidenses en agosto de 1944 y, casi de inmediato, los Batallones de Construcción Naval de los EE. UU., conocidos como Navy Seabees,[145] la transformaron en una enorme base aérea. Ubicada a 1.500 millas al sur de Tokio, los pilotos de B-29 podrían realizar un vuelo de ida y vuelta desde Tinian a la capital japonesa en unas doce horas. Dos meses después de ser capturado, Tinian poseía seis pistas de aterrizaje y la capacidad para albergar 269 aviones B-29.

Los Seabees también construyeron muelles para recibir al USS *Indianapolis*, que tenía la tarea de transportar los componentes de la primera bomba nuclear. Para realizar con éxito el viaje de casi 5.000 kilómetros de ida y vuelta entre Tinian y Tokio, todos los B-29 tenían que ir sobrecargados de combustible. Debido a esto, las pesadas aeronaves a menudo sufrían accidentes durante el despegue, lo que ponía muy nerviosos a todos los involucrados en el programa nuclear. Little Boy, la primera bomba, no explotaría durante un accidente, pero su sucesor, "Fat Man", tenía que estar armado antes del despegue y, por lo tanto, representaba una amenaza muy grave. El Dr. Norman

---

[145] "Tinian Island". *Atomic Heritage Foundation*. Web.

Ramsey, un científico clave del Proyecto Manhattan, sugirió que se hicieran algunos cambios en los B-29 antes de que fueran enviados a Japón con sus cargas nucleares. Tuvieron que desmontar varias piezas del fuselaje para dejar espacio a las bombas atómicas, que pesaban casi cinco toneladas cada una.

La compañía de Tibbets estaba formada por siete aviones, incluido el Enola Gay. Tres tenían la misión de volar por delante de él y comprobar las condiciones climáticas en la ciudad objetivo; dos acompañarían a Tibbets como aviones de observación. Uno más estaría estacionado en Iwo Jima a la espera. Los aviones despegaron temprano en la mañana del 6 de agosto, y Little Boy fue lanzado en paracaídas sobre Hiroshima a las 9:15 a. m.[146] Explotó a 600 metros sobre la ciudad, destruyendo ocho kilómetros cuadrados.[147] La devastación que causó fue diferente a todo lo que el mundo había visto hasta entonces.

La prensa internacional citó fragmentos de las siguientes noticias de Radio Tokio después del evento:

> Tokio dijo hoy que la bomba atómica lanzada por un B-29 sobre Hiroshima el lunes literalmente abrasó a "prácticamente todos los seres vivos, humanos y animales", y aplastó grandes edificios y casas pequeñas por igual en un holocausto sin precedentes.
>
> Radio Tokio comenzó a transmitir un relato detallado del horror y la ruina que dejó la bomba poco después de que un anuncio estadounidense revelara que unos seis kilómetros cuadrados y una décima parte de la una vez gran ciudad industrial de Honshu habían sido destruidas en el ataque.
>
> Fotografías de reconocimiento mostraron que el 60 por ciento de la zona edificada de Hiroshima había desaparecido

---

[146] Ibid.

[147] Ibid.

casi sin dejar rastro bajo el impacto de la mayor explosión del mundo. Se arrasaron cinco importantes plantas de guerra, junto con decenas de fábricas menores, edificios de oficinas y viviendas.

Solo quedaron unos pocos esqueletos de los edificios de hormigón en el área destruida. Aún se estaban evaluando daños adicionales fuera del área totalmente destruida.

Radio Tokio dijo que tanto los muertos como los heridos habían sufrido quemaduras hasta el punto de no poder ser reconocidos y confesó que las autoridades aún no habían podido obtener un recuento definitivo de víctimas civiles.

"Los que estaban al aire libre murieron quemados, mientras que los que estaban adentro murieron por la presión y calor indescriptibles", dijo Tokio. Llamó a la ciudad una "ruina absoluta".

Los equipos de asistencia médica que fueron trasladados de los distritos vecinos no fueron capaces de distinguir y mucho menos identificar a los muertos de los heridos", dijo la transmisión enemiga. Dijeron que Hiroshima se elevó en una montaña de polvo, escombros y fuego a las 9:15 a. m. del lunes con un impacto como un trueno y un destello tan brillante como el sol. Cuatro horas más tarde, el humo y el polvo que se arremolinaban hasta los 12.000 metros de altura, seguían ocultando la ciudad.[148]

La nube en forma de hongo que dejó la bomba fue visible para las tripulaciones del B-29 durante casi 500 kilómetros, y se estima que 80,000 personas murieron instantáneamente por su fuerza sin precedentes.[149] Entre 90.000 y 166.000 murieron en el transcurso de los próximos cuatro meses. Japón estimó un total de 237.000 víctimas

---

[148] "Terrifying Results of Hiroshima Blast Told". *Delphos Daily Herald.* 8 de agosto 1945.

[149] "Hiroshima and Nagasaki Bombing Timeline". *Atomic Heritage Foundation.* Web. 2016.

causadas por la explosión, enfermedades por radiación, quemaduras y cáncer.[150]

---

[150] Ibid.

Capítulo Veintidós – La Bomba de Nagasaki

La devastación de Hiroshima no fue suficiente para persuadir al Consejo de Guerra japonés de que se rindiera incondicionalmente. Estados Unidos ya había planeado un segundo ataque nuclear, la Operación Centerboard II, en caso de que no se pudiera llegar a un acuerdo, por lo que la próxima bomba estaba programada para ser lanzada sobre la ciudad de Kokura el 11 de agosto. Las malas previsiones meteorológicas para ese día hicieron que el ejército estadounidense desplegara el bombardero B-29 Bockscar dos días antes. El avión despegó de la isla Tinian antes del amanecer bajo el mando del mayor Charles W. Sweeney el 9 de agosto de 1945.

Sweeney, como muchos de sus colegas, había sido ascendido inmediatamente después del ataque japonés a Pearl Harbor. Como teniente de las Fuerzas Aéreas del Ejército de los Estados Unidos, fue de los primeros en participar en las pruebas del nuevo bombardero B-29 Superfortress de cuatro motores. A finales de 1944, pasó a un programa de entrenamiento secreto en Utah para tripulaciones aéreas destinadas a operar con las bombas nucleares.[151] Después de haber

---

[151] Goldstein, Richard. "Charles Sweeney, 84, Pilot in Bombing of Nagasaki, Dies". *The New York Times*. 19 de julio, 2004.

acompañado al coronel Paul Tibbets a Hiroshima junto al Enola Gay, Sweeney estaba más que cualificado para encargarse de esta segunda misión nuclear.

Las armas del Bockscar se habían retirado para dar cabida a la bomba nuclear de cinco toneladas. A las 4:00 a.m., el artillero se dirigió hacia el artefacto y sacó sus dos tapones de seguridad verdes, reemplazándolos por tapones de armado rojos. Esta segunda bomba no se parecía en nada a su predecesora, que había tenido una forma cilíndrica no especialmente llamativa. La bomba que esperaba a ser soltada sobre Nagasaki parecía un huevo gigante, de color mostaza, y de casi dos metros de altura. Tenía un alerón rígido, llamado el paracaídas de California, diseñado para evitar que girara fuera de control una vez que se dejara caer. Los soldados que habían armado la bomba firmaron sus nombres en la carcasa y escribieron mensajes como "Un segundo beso para Hirohito".[152]

El cielo estuvo oscuro y tormentoso durante las seis horas que duró el viaje, y cuando el avión estuvo cerca de su destino sobre la isla de Yakushima, voló en círculos para esperar la llegada de dos compañeros. A los dos aviones de apoyo, también B-29, se les fue asignado el trabajo de fotógrafo y asistente técnico respectivamente. El avión del fotógrafo no apareció, así que después de casi una hora de espera, el Bockscar y su único compañero se dirigieron hacia Kokura. Kokura era aproximadamente la mitad de grande que Hiroshima, pero según la inteligencia militar de los Estados Unidos, albergaba un enorme arsenal militar. De varias ubicaciones propuestas para el ataque, Kokura fue finalmente la elegida por esta razón.

Cuando los pilotos llegaron al punto establecido para soltar la bomba a las 10:45, encontraron que la niebla obstaculizaba en gran medida su visión. No había estado allí poco antes cuando el Enola Gay pasó para verificar las condiciones climatológicas, pero cuando llegó el Bockscar, simplemente había demasiada neblina para

---

[152] Wellerstein, Alex. "Nagasaki: The Last Bomb". *The New York Times.* 7 de agosto, 2015.

continuar. Las tripulaciones necesitaban tener contacto visual con su objetivo para no arriesgarse a desperdiciar el ataque lanzando la bomba a uno o dos kilómetros de distancia. Cuando la espera resultó ser inútil, se procedió a elegir un nuevo destino: Nagasaki. Nagasaki nunca había estado formalmente en la lista de posibles candidatos a ser bombardeados, aunque sí había sido víctima de cuatro ataques aéreos aliados. Tan solo un día antes se escribieron las palabras "y Nagasaki" en una versión del borrador de la orden de ataque, reemplazando así a Niigata en la copia original. Así pues, cuando se tomó la decisión, los pilotos establecieron el rumbo acorde a ello.

El Bockscar llegó a Nagasaki después de unas ocho horas en el aire. La misión casi había llegado al punto en el que el avión tendría que dar la vuelta o deshacerse de la bomba en el océano Pacífico, opciones que nadie deseaba. Si Nagasaki no se avistaba rápidamente, la misión podría ser un completo fracaso. Era difícil ver casi nada, ya que Nagasaki tenía su propia capa de nubes. La bomba estaba destinada a ser lanzada sobre la fábrica de Mitsubishi, que cubría un área de más de un kilómetro de largo y casi quinientos metros de ancho. La fábrica se encontraba en la desembocadura de un valle a lo largo de un pequeño estuario que conecta con el mar. A pocos minutos de que la misión fuese abortada, la fábrica de Mitsubishi se divisó claramente y el control del arma se transfirió al mayor Sweeney.

Sweeney dejó caer "Fat Man" a las 11:01 y giró el avión inmediatamente para evitar la explosión. Cuando miró hacia atrás, vio una nube gigante formándose tras la escuadra de aviones que lo acompañaba, que Sweeney describió más tarde como colorida y "creciendo más rápido que en Hiroshima. Parecía más intensa, más enfadada. Fue una visión fascinante, impresionante y ominosa a la vez".[153]

---

[153] Goldstein, Richard. "Charles Sweeney, 84, Pilot in Bombing of Nagasaki, Dies". *The New York Times*. 19 de julio, 2004.

El Bockscar casi no logró regresar a la base; cuando Sweeney aterrizó en Okinawa, lo hizo con el combustible justo como para aguantar aproximadamente un minuto más. La bomba hizo bien su trabajo, destruyó la mayor parte de la planta de Mitsubishi, y mató e hirió a decenas de miles de trabajadores y civiles. Miles de hogares también quedaron destruidos por la explosión y, al igual que en Hiroshima, decenas de miles de bajas más aún estaban por producirse en los meses siguientes.

Capítulo Veintitrés – Japón se Rinde

El emperador Hirohito tenía el poder para poner fin a la guerra mediante la rendición en los meses previos a los ataques nucleares en Japón, pero no creía que ese fuera el mejor camino a seguir. No fue hasta doce horas después de que la bomba cayera sobre Hiroshima que el emperador Hirohito realmente se enteró de la devastación de la ciudad, pero incluso entonces, se mantuvo firme. No fue porque quisiera que la guerra continuara; su negativa a suspender la lucha se debió a que sentía que los términos de la rendición ofrecidos por los Aliados eran inadecuados. Alternativamente, Hirohito había estado tratando de promover un tratado de paz entre su nación y la Unión Soviética; si se pudiera llegar a tal acuerdo, Japón podría continuar sus campañas militares a través de China y Asia sin la reacción de su vecino más grande y poderoso. Sin embargo, Joseph Stalin no pudo ser convencido.

Las condiciones de la rendición fueron establecidas por los Aliados tras la Conferencia de Potsdam, que tuvo lugar en Berlín del 17 de julio al 2 de agosto.[154] Las principales personalidades que

---

[154] "Potsdam Conference, World War Two". *Encyclopaedia Britannica.* Web.

participaron en la conferencia fueron el presidente soviético Joseph Stalin, el primer ministro británico Winston Churchill y su futuro sucesor, Clement Atlee, y el presidente estadounidense Harry S. Truman. El grupo se reunió con otros representantes aliados para comenzar el trabajo de la administración europea de posguerra. Se les encomendó la tarea de volver a trazar las líneas del mapa político, así como acordar cómo lidiar con la derrotada Alemania. Con el fin de la guerra en Europa, las naciones europeas enfriaron rápidamente sus relaciones con el gobierno soviético. Sin embargo, todavía era necesaria una alianza con Stalin para ayudar a acabar con la guerra en Asia.

Los términos de la rendición acordados en la Conferencia de Potsdam eran simples: los Aliados exigían a Japón una rendición total e incondicional, o prometían continuar con ataques aéreos cada vez más devastadores. El ultimátum se emitió el 26 de julio, y cuando Hirohito y su administración se negaron, se soltó la primera bomba nuclear sobre Hiroshima. Dos días después, el 7 de agosto, el emperador Hirohito tenía pocas opciones aparte de la rendición, pero aún no estaba preparado para aceptar la Declaración de Potsdam. Para detener los ataques de los Aliados, se pidió a Japón que detuviera todas las campañas militares en Asia, cosa que los líderes militares no creían que pudiera ocurrir. Mientras Japón trataba de encontrar una solución, los estadounidenses estaban preparando ya su segunda bomba.

Sin embargo, los planes militares de los Aliados no terminaron con el despliegue de esas bombas nucleares. Aunque en última instancia no necesitarían continuar el bombardeo de su enemigo después del lanzamiento de la segunda bomba, el general estadounidense Douglas MacArthur fue puesto al mando de la invasión terrestre de Japón. Con el nombre en clave de "Operación Olympic", la campaña se fijó para noviembre de 1945, si el ejército de Hirohito aún se negaba a rendirse.[155]

---

[155] "Japan Surrenders, bringing an end to WWII". *History*. Web. 2019.

Para empeorar la situación de Japón, la Unión Soviética declaró formalmente la guerra contra la nación el 8 de agosto de 1945. Hasta ese momento, el futuro de Japón en la guerra había dependido de que no hubiera una lucha personal entre ellos y la URSS. Al día siguiente, los soviéticos atacaron Manchuria y abrumaron a los japoneses estacionados allí. Horas más tarde, Nagasaki fue atacada. Esta vez, hubo pocas dudas por parte del emperador japonés. Justo antes de la medianoche, Hirohito se reunió con su Consejo Supremo de Guerra y se enfrasco en horas de acalorado debate. En última instancia, el emperador apoyó la propuesta del primer ministro Suzuki de aceptar la Declaración de Potsdam y evitar una mayor devastación en el frente interno. Hirohito resolvió rendirse "en el entendimiento de que dicha Declaración no compromete ninguna demanda que perjudique las prerrogativas de Su Majestad como gobernante soberano".[156] Aunque su decisión no fue apoyada unánimemente, se cumplió. El 10 de agosto se transmitió el mensaje de rendición a Estados Unidos.

Estados Unidos se tomó dos días para estudiar la declaración antes de emitir la suya. El 12 de agosto respondió que "la autoridad del emperador y del gobierno japonés para gobernar el estado estará sujeta al Comandante Supremo de las Potencias Aliadas".[157] En otras palabras, si Japón mantuviera su rendición, quedaría bajo la administración del presidente de Estados Unidos, Harry Truman. Pasaron otros dos días, durante los cuales el emperador Hirohito decidió pasar por alto la evidente amenaza a su autoridad. Ordenó al gobierno japonés que enviara un mensaje aceptando los términos.

Para hacer partícipe al pueblo japonés de la rendición de su nación, el emperador Hirohito grabó un discurso que estaba destinado a ser retransmitido en la radio pública a su orden. La grabación no se retransmitió de inmediato, lo que dio a los

---

[156] "Japan Surrenders, bringing an end to WWII". *History*. Web. 2019.

[157] "Japan Surrenders, bringing an end to WWII". *History*. Web. 2019.

detractores de Hirohito la oportunidad de retractarse de la rendición y continuar la guerra. Si la rendición no se hacía pública, creían que podrían seguir luchando militarmente. Liderados por el mayor Kenji Hatanaka, los rebeldes ocuparon el palacio imperial y prendieron fuego a la casa del primer ministro Suzuki en las primeras horas del 15 de agosto.

El mayor Kenji Hatanaka realizó un movimiento audaz, matando al teniente general Takeshi Mori de la 1.a División de la Guardia Imperial. Luego falsificó una orden del teniente muerto, pidiendo un gran número de guardias militares dentro del Palacio Imperial y el Ministerio de la Casa Imperial. Hatanaka y los rebeldes tomaron el control del palacio, confundiendo a muchos guardias, a quienes dieron instrucciones para que apuntaran con sus armas a los ministros del gobierno. Se bloquearon todas las entradas y salidas y se cortaron los cables telefónicos para evitar la comunicación con el mundo exterior. Los rebeldes buscaron la grabación durante horas, pero no tuvieron éxito. La rebelión solo duró hasta el amanecer, momento en el que el gobierno había recuperado ya el control.

Al mediodía de ese mismo día, el emperador Hirohito hizo el anuncio en la radio pública, siendo la primera vez en la que un emperador se dirigía a la nación a través de las ondas de radio. Su aislado dialecto imperial sonaba extraño en la radio, pero el mensaje se entendió. El emperador Hirohito no utilizó la palabra "rendición" durante su discurso, ni condenó la agresión militar de su país que condujo a su participación en la Segunda Guerra Mundial. De hecho, elogió a su pueblo y luego pidió un cambio en la misión colectiva de la nación, que describió de la siguiente manera: "Luchar por la prosperidad y felicidad común de todas las naciones, así como la seguridad y el bienestar de nuestros súbditos".[158]

El mensaje era confuso, no solo por el extraño dialecto de Hirohito, sino por su carácter indirecto. Ambas eran cualidades

---

[158] "Emperor Hirohito". *Atomic Heritage Foundation*. Web.

intrínsecas del idioma usado en la corte japonesa. Sin embargo, no pasó mucho tiempo hasta que se entendió completamente el propósito de la transmisión: Japón debía deponer las armas y esperar la ocupación estadounidense. Poco después de la transmisión de radio, Kenji Hatanaka y muchos de sus seguidores se suicidaron.

Como comandante supremo de las potencias aliadas, el general Douglas MacArthur supervisó la organización de la rendición formal, que tuvo lugar el 2 de septiembre. El presidente Truman eligió el USS Missouri, un acorazado que había servido ampliamente en el Pacífico y que recibió su nombre del estado natal de Truman, como la ubicación de la ceremonia. En el día señalado, más de 250 buques de guerra aliados fondearon en la bahía de Tokio. En el USS Missouri se colgaron como gesto de solidaridad banderas de Estados Unidos, Gran Bretaña, la Unión Soviética y China.

El ministro de Relaciones Exteriores de Japón, Mamoru Shigemitsu, firmó el documento de rendición formal en nombre del gobierno, y luego el general Yoshijiro Umezu firmó por parte de las fuerzas armadas japonesas. Muchos de los ayudantes militares presentes lloraron abiertamente cuando su general escribió su nombre. El Comandante Supremo MacArthur firmó a continuación, declarando: "Es mi más sincera esperanza y, de hecho, la esperanza de toda la humanidad que de esta solemne ocasión un mundo mejor emerja de la sangre y las matanzas del pasado".[159] El almirante Chester W. Nimitz firmó en nombre de los Estados Unidos de América y fue seguido por representantes de China, Gran Bretaña, la Unión Soviética, Australia, Canadá, Francia, los Países Bajos y Nueva Zelanda.

---

[159] "Japan Surrenders, bringing an end to WWII". *History.* Web. 2019.

Capítulo Veinticuatro – La Ocupación de Japón tras la Guerra

Inmediatamente después del alto el fuego, el emperador Hirohito firmó una nueva constitución redactada por Estados Unidos. El documento redujo considerablemente su autoridad dentro de Japón, dejándolo más como una figura ceremonial que como un líder político. También renunció a un rasgo fundamental de todo emperador de Japón había poseído hasta entonces, que era que él y su familia eran la divinidad encarnada. El general Douglas A. MacArthur se hizo cargo de la ocupación estadounidense de Japón después de su rendición en agosto de 1945. El tema ya se había discutido extensamente con los otros líderes Aliados, pero finalmente la administración de la nación tras la guerra recayó en las manos de los Estados Unidos. Los temas más urgentes fueron el desarme total, la prevención de futuras rebeliones, la estabilización de la economía y el gobierno de las colonias de Corea y Taiwán.

MacArthur, en su papel de Comandante Supremo de las Fuerzas Aliadas, se centró primero en administrar castigo a los ex líderes militares y grupos que habían cometido crímenes de guerra. A partir de septiembre de 1945, se llevaron a cabo juicios por crímenes de guerra en Tokio y los culpables fueron ahorcados. Las víctimas de la soga incluyeron al ex primer ministro y jefe del ejército de Kwantung, Hideki Tojo, así como a Iwane Matsui y Heitaro Kimura. Matsui había organizado la Violación de Nanking, mientras que Kimura había torturado prisioneros de guerra.

Mientras se llevaban a cabo los juicios de Tokio, juicios paralelos encontraron que otros 5.000 ciudadanos japoneses eran culpables de crímenes de guerra, por los cuales 900 de ellos fueron ejecutados.[160] Mientras se llevaban a cabo los procedimientos, MacArthur desmanteló el ejército japonés y declaró ilegal que los ex oficiales militares de la nación pasaran a ocupar puestos políticos en el nuevo gobierno. Para reemplazar a Hideki Tojo y sus sucesores Kuniaki Koiso y Kantarō Suzuki, el Príncipe general Naruhiko Higashikuni asumió el cargo de agosto a octubre de 1945.[161] Aunque era tío político del emperador Hirohito, la inteligencia estadounidense descubrió que el príncipe había sido un detractor de la guerra contra los Aliados, por lo que se le confió el papel. Sin embargo, renunció poco después de ser puesto en el cargo.

Después del Príncipe Higashikuni, el hombre elegido para ser primer ministro fue Shigeru Yoshida, un ex embajador de Japón en los Estados Unidos y en la Conferencia de Paz de París. Miembro del nuevo Partido Liberal del país, Yoshida fue elegido personalmente por la administración estadounidense para dirigir no solo el partido, sino también el país, tras las elecciones generales de 1946. El ex jefe del partido, Ichiro Hatoyama, fue purgado del cargo político por parte de funcionarios estadounidenses, despejando el puesto explícitamente para Yoshida. Yoshida ocuparía el cargo de Primer Ministro de Japón durante un total de siete años.

---

[160] "Japanese War Criminals Hanged in Tokyo". *History*. Web. 2019.

[161] "NaruhikoHigashikuni". *Encyclopaedia Britannica*. Web.

Para impulsar la economía, la administración de MacArthur hizo reformas agrarias diseñadas para beneficiar a los agricultores arrendatarios, que eran mayoría sobre los terratenientes ricos. Aunque estas reformas estaban destinadas a reducir la carga sobre los agricultores arrendatarios, también redujo las ganancias de muchos terratenientes que habían apoyado la expansión del Imperio japonés. MacArthur también quería establecer el capitalismo de libre mercado en toda la nación y para facilitarlo, hizo todo lo que pudo para fragmentar los grandes conglomerados empresariales.

A pesar de los esfuerzos de la administración estadounidense, a finales de 1947 y principios de 1948 la economía de Japón estaba en crisis. El ideal económico del capitalismo de MacArthur flaqueó ante la crisis, especialmente con el comunismo creciendo en popularidad en todo el este de Asia. Estados Unidos sabía que la debilidad de la economía japonesa aumentaría la influencia del movimiento comunista dentro de su territorio ocupado, por lo que se tomaron más medidas para reforzar el mercado en quiebra. Se introdujeron reformas fiscales, pero estas no abordaron la causa principal de los problemas, que era la falta de materias primas. Para solucionarlo, el presidente Truman otorgó subvenciones financieras.

En 1950, la ocupación estadounidense continuó cuando el Ejército Comunista de Corea del Norte entró en Corea del Sur. Con la Guerra Fría en pleno apogeo entre el occidente capitalista y el este comunista emergente, Estados Unidos se vio inmediatamente obligado a acudir en ayuda de Corea del Sur. En la lucha contra Corea del Norte, que fue apoyada por la Unión Soviética, Estados Unidos se vio envuelto esencialmente en una guerra subsidiaria, tanto para proteger a Corea del Sur como para demostrar la superioridad de los ideales occidentales. Para Japón esto supuso inyecciones aún más altas de inversión estadounidense, ya que Japón fue su base principal para la guerra en Corea que duró desde 1950 hasta 1953.

Gracias al aumento de proveedores, fabricantes, distribuidores e instalaciones bancarias durante la guerra de Corea, la economía de

Japón creció año tras año, en una fase llamada el Milagro Económico. El Ministerio de Industria y Comercio Internacional, formado en 1949, también tuvo mucho que ver con la recuperación económica.[162] El ministerio proporcionó un vínculo necesario entre el gobierno y el sector privado que condujo a una mayor productividad industrial y, por lo tanto, a mayores ganancias. Además, fomentó la importación de nueva tecnología que ayudó a impulsar el sector manufacturero.

El Ministerio y el gobierno se concentraron en fortalecer y hacer crecer las industrias del algodón, el acero y el carbón. Entre 1954 y 1972, Japón experimentó un crecimiento económico sin precedentes gracias en gran parte a estos sectores.[163] El fuerte y sólido crecimiento económico fue bien gestionado, con dinero invertido en un buen sistema educativo que dio como resultado trabajadores altamente cualificados dispuestos a trabajar duro. Fue durante este período que Japón se convirtió en uno de los países más alfabetizados del mundo y uno de los más desarrollados de Asia.

La ocupación estadounidense no se extendió hasta las últimas décadas de la Guerra Fría; el acuerdo final entre los Estados Unidos y Japón se firmó en septiembre de 1951.[164] El Tratado de Paz de San Francisco, llamado así por el lugar de reunión, fue firmado por un total de cuarenta y nueve naciones que habían estado involucradas en la Segunda Guerra Mundial. El tratado puso fin formalmente a la ocupación de posguerra en Japón, aunque privó a la nación de cualquier reclamo territorial sobre Corea o Taiwán. Las tropas estadounidenses permanecerían y mantendrían sus bases militares en Japón, pero las naciones ya no estaban en un estado técnico de guerra.

---

[162] "What was the Japanese Economic Miracle". *World Atlas*. Web.

[163] Ibid.

[164] "San Francisco Peace Treaty". *University of Pittsburgh*. Web.

En 1952 el tratado entró en vigor. Cuatro años después, Japón pasó a ser miembro de las Naciones Unidas.

Epílogo

Las masacres de Hiroshima y Nagasaki atormentaron al emperador Hirohito durante el resto de su vida. Muchos años después, expresó su pesar personal por gran parte de lo que había sucedido durante la guerra. Rompiendo una vez más la tradición de los emperadores de no viajar fuera de su propiedad, Hirohito visitó Hiroshima en 1947 para guardar luto por su país. En 1975, visitó los Estados Unidos para reunirse con el presidente Ford y colocar una ofrenda floral en la Tumba del Soldado Desconocido.[165]

Las enfermedades causadas por la radiación se cobraron la vida de miles de japoneses después de la guerra, con síntomas que incluían cicatrices posquemaduras, deformidades, hemorragias internas y hepatitis. Los que sobrevivieron a la bomba permanecieron gravemente enfermos durante largos meses y años, y cuando finalmente la enfermedad remitió, quedaron debilitados y con mala salud por el resto de sus vidas. Para otros, especialmente los niños que habían estado expuestos a la radiación de las bombas, el riesgo de padecer leucemia fue muy alto. El cáncer comenzó a aparecer unos dos años después del final de la guerra, y los casos alcanzaron su punto más alto después de que hubieran pasado seis años. Después

---

[165] Ibid.

de unos diez años, otros tipos de cáncer comenzaron a aparecer con más frecuencia.

Tule Lake, el otrora vasto poblado de prisioneros, fue demolido pocos años después de su cierre en el verano de 1946.[166] Sus edificios han sucumbido a las inclemencias del tiempo y el clima. Mucho de lo que quedó allí abandonado fue saqueado, incluidos los barrotes de hierro de la prisión. Los barracones fueron cortados en pedazos y entregados a los colonos, mientras que el club de oficiales se convirtió en una tienda de ultramarinos. Incluso las lápidas que quedaron allí fueron o bien guardadas como recuerdo, o directamente retiradas para convertir el espacio en un vertedero. Unas 300 personas fueron enterradas en el cementerio del campamento durante su apogeo; muchos de estos cuerpos fueron trasladados posteriormente por las familias de los fallecidos, pero muchos seguían allí cuando el terreno se preparó para convertirse en una planta de recolección de basura.[167]

En los últimos años, los ex reclusos y sus familias han solicitado que se conserve y proteja lo que queda del sitio, pero incluso ahora, sus ceremonias conmemorativas son interrumpidas por residentes locales que llaman a la policía. Durante una excursión japonesa-estadounidense al lugar, hasta el autobús turístico fue atacado. Los internos de todos los campos de trabajo en los Estados Unidos fueron liberados luego de la rendición de Japón, pero muchos de los prisioneros optaron por regresar a Japón en lugar de enfrentar una mayor discriminación en los Estados Unidos.

Los aviones de la Fuerza Aérea de los EE. UU. que pusieron fin a la guerra ahora se exhiben públicamente en los Estados Unidos. El Enola Gay se encuentra en las afueras del aeropuerto de Dulles en Virginia como parte de las exposiciones del Museo Nacional del Aire y el Espacio del Smithsonian, y el Bockscar está estacionado fuera del Museo de la Fuerza Aérea de los Estados Unidos en Dayton, Ohio.

---

[166] Cart, Julie. "Painful Past, Iffy Future". *Los Angeles Times*. 2006.

[167] Kanzaki, Stanley N. "The Desecration of the Tule Lake Cemetery". *Nichi Bei*. 2013.

En cuanto a la Base Naval de Pearl Harbor, sigue siendo una parte importante de la Marina de los Estados Unidos, particularmente como base de operaciones de la Flota del Pacífico. En 2010, la Armada y la Fuerza Aérea de los EE. UU. se unieron a sus bases vecinas en Oahu, formando la Base Conjunta Pearl Harbor-Hickam. El primer ministro japonés Shinzo Abe visitó la base en 2016 con el presidente Obama, siendo la primera vez que un líder japonés en funciones visitaba el lugar.[168] Se han erigido monumentos para conmemorar las vidas de los 2.300 muertos durante el ataque del 7 de diciembre de 1941.

---

[168] Ito, Shingo. *"We did our jobs: Japanese participant remembers Pearl Harbor"*. *Atimes*. 2016.

Vea más libros escritos por Captivating History

www.ingramcontent.com/pod-product-compliance
Lightning Source LLC
LaVergne TN
LVHW041640060526
838200LV00040B/1652